Cartas para KAREN

CONSELHOS DE UM PAI
SOBRE COMO MANTER O *AMOR*
NO CASAMENTO

Charlie W. Shedd

© 2012 by Abingdon Press
under the title *Letters to Karen:*
A Father's Advice on Keeping Love in Marriage
by Dr. Charlie W. Shedd.
Originally published in the U.S.A. by United Methodist Publishing House
(Abingdon Press), 2222 Rosa L. Parks Blvd., POB 280988,
Nashville, TN 37228-0988.
Translated and printed by permission. All rights reserved.

Coordenação editorial: Dayse Fontoura
Tradução: Elisa Tisserant de Castro
Revisão: Dayse Fontoura, Rita Rosário, Thaís Soler, Lozane Winter
Projeto gráfico e capa: Audrey Novac Ribeiro
Diagramação: Audrey Novac Ribeiro
Imagens: © Shutterstock

Dados Internacionais de Catalogação na Publicação (CIP)

W. Shedd, Charlie
  Cartas para Karen: Conselhos de um pai sobre como manter o amor no casamento.
  Tradução: Elisa Tisserant de Castro – Curitiba/PR, Publicações Pão Diário.
  Título original: *Letters to Karen: A Father's Advice on Keeping Love in Marriage*

  1. Casamento   2. Aconselhamento   3. Religião

Proibida a reprodução total ou parcial, sem prévia autorização, por escrito, da editora.

Todos os direitos reservados e protegidos pela Lei 9.610, de 19/02/1998.
Pedidos de permissão para reprodução: permissao@paodiario.org

Exceto quando indicado o contrário, os trechos bíblicos mencionados são da edição Revista e Atualizada de João F. de Almeida © 2009 Sociedade Bíblica do Brasil.

Publicações Pão Diário
Caixa Postal 4190,
82501-970 Curitiba/PR, Brasil
publicacoes@paodiario.org
www.paodiario.org
Telefone: (41) 3257-4028

Código: WT488
ISBN: 978-1-68043-464-4

1.ª edição: 2018

Impresso na China

Casamento...

*Não tem tanto a ver com encontrar a pessoa certa,
mas com ser a pessoa certa!*

SUMÁRIO

Introdução 9
Prefácio 13

"Evidência A" 17
Conhecemos em parte 19
Felicidade é crescer 25
Deixe a liberdade ressoar 31
Só para descontrair 37
Ênfase nas coisas boas 39
Diga-lhe que ele é maravilhoso 43
Oscilações do humor! 51
A ponte da comunicação 55
Olho no olho 65
"Sinto muito, amor" 77
As gêmeas "H": humildade e honestidade 83
Conectando-se para chegar ao verdadeiro eu 89
O menininho e o homem-músculo 97
O sexo é um sacramento 103
Diferenças sexuais, homem e mulher 107
A santa e pequena doce pecadora 117
Esses grandes e belos dólares 127

Ambicione os seus próprios desejos 133
Feliz serviço doméstico 139
Aroma apetitoso vindo da cozinha 143
Se a adversidade chegar 149
Algumas vezes, olhe para fora 153
Quando nada funciona 161
Maior do que vocês dois 163

Qual é a sua memória mais feliz? 169

INTRODUÇÃO

Caro leitor,

Em 1964, eu era uma menina de 19 anos planejando casar-se com o menino dos seus sonhos. Penso no passado e percebo que foi um tempo de impressionante mudança. Não era apenas a minha vida, o mundo todo estava entrando em uma nova era. Naquela época, eu não compreendia totalmente isso; estava confortável em um lar feliz, com pais que me amavam e quatro irmãos. Porém, mais importante do que o amor de nossos pais por nós era o amor entre eles e o apoio que um dava ao outro. Eles eram um casal e tanto. Independentemente do quanto a sociedade mudasse ao seu redor, o amor de meus pais e comprometimento um com o outro eram firmes como uma rocha.

Meu pai, Charlie Shedd, era um amado pastor e escritor. Suas palavras encorajaram e afirmaram muitas pessoas ao longo dos anos. Eu sabia que o melhor presente que ele poderia me dar seria sua concepção sobre o que construiria um casamento feliz. Sentia que sua percepção fora alcançada não apenas com seu tempo ao lado de minha mãe, mas também nos anos que tinha

investido, aconselhando outros sobre seus relacionamentos. As cartas que papai me enviou eram cheias de riqueza, de sugestões incitadoras, de questionamentos e exercícios práticos sobre os relacionamentos humanos que ele havia adquirido e sobre os quais havia ponderado.

Cada carta era uma conversa entre uma menina e seu primeiro amor — o pai que sempre desejaria o melhor para ela. Pensando nessas cartas, agora o vejo exatamente como ele era naquele tempo. Posso ouvir sua voz e sua risada. Aprecio tanto o cuidado e o esforço que ele aplicou em minhas cartas. Para mim, é algo venturoso eu ter pedido o conselho de papai em um momento quando pais ainda escreviam cartas aos filhos que saíam de casa para ir à universidade. Não consigo imaginar como a profundidade e a sabedoria contida nessas cartas poderiam ter sido transmitidas tão belamente na comunicação relâmpago dos dias de hoje.

Quando *Cartas para Karen* tornou-se um livro, acredito que nenhum de nós, menos ainda meu pai, percebeu o impacto que esse livro teria no mundo. Desde 1964, essa obra nunca deixou de ser impressa. Há mais de dois milhões de cópias impressas em muitos países e idiomas. Sei que muitas cópias foram passando de mão em mão e de casa em casa. Isso significa que milhões de vidas foram tocadas pelos conselhos que meu pai me deu há tantos anos.

Quando as pessoas falam comigo sobre *Cartas para Karen*, a primeira coisa que mencionam é a sabedoria de meu pai. Ele me disse a verdade e não fugiu de assuntos difíceis ou constrangedores. A segunda coisa que mencionam é que, embora a sociedade, os papéis dos homens e das mulheres e tantas outras coisas em nossa vida tenham mudado, muitos conselhos de meu pai permanecem tão sólidos e relevantes hoje, como eram em 1964. Passei a acreditar que a atemporalidade destas cartas está

mais relacionada ao fato de que a natureza e as interações humanas não mudam. O amor é perene quando é bem cultivado.

Por essas razões, decidimos que não havia necessidade de atualizar o livro para uma nova geração. Ainda que o livro tenha sido levemente editado, o que se lê em geral são as cartas que papai escreveu para mim em 1964. Algumas referências parecerão anacrônicas, mas muito dos conselhos é atual e relevante. As figuras de linguagem espirituosas ainda nos divertem.

Se você está lendo este livro enquanto planeja seu casamento ou se empenha em revigorar um relacionamento, desejo-lhe alegria e espero que estas palavras toquem sua vida hoje como tocaram a minha, anos atrás e continuam a tocar ainda hoje.

Karen Shedd Guarino

PREFÁCIO

Isto é para Karen. Ela é uma das belas jovens, filhas de Eva, que adornam nossa Terra. Karen é muitas coisas; ela é, sobretudo, amante da paz. Mas para o combate está armada de astúcia (ela tem quatro irmãos). Usando jeans e blusa de moletom ela tem todo o charme de uma garota simples. Mas, quando, vestida para um baile carrega em si elegância. Algumas vezes ela é um pouco travessa, contudo em outras ocasiões ela consegue ir com você aos lugares mais profundos.

Fervorosa e adorável, agradável e esperta, cativante e sábia — essa é Karen!

Eu sou seu pai. Eu sei o que você está pensando e você está certo: há *alguns* pais parciais. Mas se você conhecesse Karen como eu a conheço, diria:

—Agora vejo que você fala claramente a verdade!

Muitos meses antes de se casar, Karen me pediu que lhe escrevesse cartas especiais.

—Papai, ela disse com sua irradiante alegria, — eu gostaria que você me dissesse como posso fazer Vincent me amar para sempre!

Há dois motivos por que minha filha faria tal pedido. Primeiro, sou pastor; e como tal, discuto questões matrimoniais com incontáveis casais. Também invisto muitas horas só com esposas e maridos separadamente.

Isto não é nada incomum nos dias de hoje. A maioria de meus amigos clérigos se vê em meio das complicações matrimoniais de seu povo.

O que podemos fazer?

Algumas vezes muito pouco. Isto é especialmente verdade quando a decisão já está tomada. Eles nos procuram para um acordo, não conselho. Esporadicamente, um deles deseja negociar, mas o outro não.

Então podemos apenas assistir horrorizados enquanto outro lar se choca com as duras pedras de acusações, contra-acusações, amargura e vingança.

Creio que da mesma forma como você o faria, nós tentamos oferecer ajuda para que eles recolham os pedaços. Isto fica bastante difícil quando há filhos. Eles podem nos lembrar de ovos quebrados cujos ninhos foram retirados debaixo de si.

Mas temos então nossos dias bons em que tudo corre bem. Com frequência, isto não é mérito nosso. Sentimos uma misteriosa visitação, certo "palpite santo" que só poderia vir de uma sabedoria maior do que a nossa própria.

Neste ponto, testemunhamos uma das maiores emoções do pastor. Os querelantes se beijam e fazem as pazes. "Cordas que foram partidas, podem de novo soar" [N.E.: Tradução livre de verso do hino *Rescue the perishing* (Resgate do perdido), de Frances J. Crosby, 1869.].

Assim acontece. Perplexidade para nos manter questionando! Fracasso para nos manter humildes! Sucesso para nos manter insistindo! Então, hoje em dia, conforme estes casais passam pela porta de meu escritório eu me uno aos pescadores

da Bretanha em sua cativante oração: "Guarda-nos ó Deus! O mar é tão grandioso e nossos barcos tão pequenos!".

Você há de convir que o pedido feito por minha minha filha foi bastante razoável. Certas regras se aplicam a todo casamento. Contudo, cada matrimônio também cria um padrão que desenvolverá suas próprias e singulares implicações.

Sendo assim, estas cartas deixavam minha caixa de correio com a oração de um pai pedindo que fossem úteis a uma mulher e seu amado.

Contudo, a maioria de nós precisa de todo auxílio possível para melhor cumprir as leis do amor. Precisamos de ajuda para aprender a linguagem da devoção.

E por isto ser verdade, estas cartas são oferecidas aqui com o desejo adicionado de que sejam úteis a outros — jovem, maduro, mais velho — ao aceitarem este desafio.

Há esperança maior do que esta? Se podemos ter sucesso em edificar lares mais felizes, temos a satisfação de saber que colaboramos o suficiente para criar uma sociedade saudável.

Eu disse que havia dois motivos para que minha filha, que é excepcional, pediria que lhe escrevesse algumas respostas às suas questões. Como eu dizia, ela é uma jovem perspicaz. Ela tem conhecimento do quão pouco seu pai sabe, na verdade. Mas ela também sabe algo mais.

O motivo número dois é o assunto da primeira carta.

Charlie W. Shedd

"Evidência A"

Minha querida Karen,

Você sempre foi uma pessoinha muito perspicaz, e vejo que não perdeu o seu jeito.

As pessoas dizem: "A lisonja leva a qualquer lugar"! E desta vez foi assim. Você conseguiu me colocar rapidamente à frente de minha máquina de escrever. Qualquer pai inflaria de orgulho diante de tal admiração, ou não? Imagine! *Minha* filha considera altamente *minhas* opiniões.

Mas quando me sentei para começar, uma grande luz alvoreceu!

O seu pedido *é* um elogio magnífico, mas não para mim. Durante 20 anos você esteve observando a "Evidência A"!

Portanto, submetido mais uma vez por seu truque, eu aceito seu pedido como um maravilhoso buquê de flores para sua mãe, o que de fato é.

Você sabe como sou desprovido de conhecimento em muitas áreas. Mas também sabe que em um item *sou* uma autoridade absoluta. Entendo, em primeira mão, como é bom ser amado por um gênio na arte de ser esposa.

Será uma alegria descrever minha pessoa favorita, então escreverei para você novamente muito em breve.

Com amor,
Papai.

Conhecemos em parte

Minha querida Karen,

Durante o Ensino Médio, você saiu com vários rapazes. Nós assistíamos, em suspense, quando algum novo rapaz vinha à nossa casa. Seria este *o* rapaz?

Minha memória, se estiver correta, lembra-me de que nenhum deles eram um desastre completo. Admirávamos o seu gosto. Todos eles tinham boa aparência, até mesmo aquele grande palhaço que era "tão feio que chegava a ser bonitinho", como você colocava, não era tão chocante aos olhos.

Nós gostávamos de algo em todos os rapazes com quem você saiu.

(Pensando nisso agora, havia aquele que você dizia lembrar de um "cachorrinho perdido à procura de um lar". Achávamos que ele jamais sumiria. Ele foi o que mais se aproximou de uma exceção.)

Sua mãe e eu discutíamos sobre eles entre nós e tínhamos orgulho de seus amigos. Eles tinham bons modos, eram bem-apessoados, apresentáveis quando deveriam sê-lo e "dirigiam tão bem". Este último era o que você nos dizia e, eu creio que, você é prova viva de sua afirmação.

O enorme jogador de futebol, parecido com o *He-Man*, nos chamou a atenção. Ele provavelmente gastou uma fortuna fazendo ligações de longa distância para você. Ele nos lembrava de um cão São Bernardo — enorme, mas tão gentil e calmo.

Então chegou a noite de que nunca me esquecerei. Foi depois de você ter saído com ele por algum tempo. Eu ainda estava acordado quando você chegou e anunciou que acabara de riscá-lo de sua lista, também. Você sabe como são os pais; eu estava preocupado que algo desagradável tivesse acontecido.

—Não!, você me garantiu.

—Ele é muito meigo. Mas, papai, podemos fazer uma pequena análise agora?

Lembro-me de que suas exatas palavras foram:

—Algumas vezes fico preocupada comigo. Parece que todos os rapazes com quem saio são queridinhos somente por um tempo e logo eu fico entediada. Após alguns encontros, é como se eu descobrisse tudo o que há para saber. Você acha que tem algo errado comigo? Fico assustada ao pensar em me casar. Como eu poderia passar toda a minha vida com um homem? Você acha que algum dia vou encontrar alguém interessante o suficiente para manter minha atenção para sempre?

É claro que eu garanti que certo dia ele apareceria, "cavalgando" vindo de algum lugar e que teria uma alma vasta para mantê-la entretida para sempre. Você disse não ter certeza de que eu estava certo e depois fez este discurso que tocou profundamente o meu coração.

Você segurou minha mão e disse:

—Papai, eu tomei uma grande decisão hoje à noite. Nunca, nunca vou me casar a não ser que conheça alguém que seja tão incrível que precisarei de toda uma vida para conhecer tudo o que há sobre ele.

Achei isto fantástico. Naquela noite, você estendeu sua mão e tocou o pulso de seu futuro marido.

O tempo passou e repentinamente todas as suas dúvidas se transformaram em respostas muito claras!!!

A primeira vez que ouvimos sobre isto foi em uma noite, por volta da hora do jantar. Você ligou da universidade, lembra? Havia um novo e agradável deslumbramento em sua voz. Você disse:

—Papai, há um rapaz perfeitamente fabuloso que é garçom na cantina do nosso alojamento universitário. Ele é a pessoa mais interessante que eu já conheci. Ele já viajou pelo mundo muitas vezes.

(Isso foi o que você disse, mas eu acho que só foram duas vezes, não? Poderia alguém viajar pelo mundo com mais frequência do que um marinheiro, a menos que seja um executivo?)

Como um adorável riacho, você falava ininterruptamente:

—Ele sabe muito mais do que eu sobre tudo. E é muito inteligente! Ele entende tudo sobre televisão; essa é a formação dele. É praticamente uma autoridade na América Latina, que é sua outra formação. Ah, sim, eu me esqueci de dizer que o nome dele é Vincent! Não é o nome mais lindo de todos? Ele trabalhou enquanto estudava e fez ainda outras coisas. Além disso, ele é lindo e você nunca conheceu alguém que entende pessoas como ele entende. Todos simplesmente o amam porque ele consegue conversar sobre qualquer assunto que esteja sendo comentado.

—E, papai, lembra o quanto você e mamãe eram doidos pela Grécia? Bom, ele sabe tudo sobre a Grécia. O navio em que ele estava ficou atracado lá durante três semanas.

E assim por diante.

Lembro-me claramente de que você me fez entrar tanto em sua órbita que eu até esqueci, temporariamente, que era uma ligação a cobrar. Passou pela minha cabeça que eu teria que perguntar ao meu amigo Jim (ele é o gerente da companhia telefônica) se haveria taxas especiais para ocasiões históricas.

E então você lançou outro punhado de estrelas sobre mim e lá fomos nós novamente. Finalmente, voltei ao planeta Terra e me ocorreu que o povo da cidade tem emergências e seria melhor liberarmos a linha telefônica em algum momento futuro, só por precaução.

Então, finalmente, concordamos que assim que ele conseguisse uma folga em seus muitos afazeres, ele traria você para casa em seu pequeno Volkswagen dos sonhos e deixaria que toda a família o conhecesse pessoalmente.

—O que foi tudo *isso*?, um de seus irmãos perguntou quando desliguei.

—Isso (eu anunciei) foi sobre o futuro marido de Karen!

—O futuro *o que* dela?

Seus irmãos gritaram em uníssono e nós tivemos uma assembleia familiar naquela noite.

Você, então, o trouxe até nossa casa e entendemos o que estava dizendo. Naquela noite, ali estava o homem dos sonhos que tocava seu coração, enquanto nós conversávamos juntos sobre estas coisas fantásticas.

Uma das melhores coisas já escritas sobre o amor é 1 Coríntios 13. Na próxima vez que você ler esta passagem, observe que a única repetição no capítulo todo é esta:

Em parte, conhecemos!

O escritor parece estar dizendo: "Retorne e contemple mais uma vez os infindáveis panoramas do amor. Nisto, você encontrará algo que deve ser considerado novamente. A beleza nos

relacionamentos humanos não exige pleno conhecimento dele de uma única vez".

Podemos ser eternamente gratos por isto de várias maneiras. Uma delas, pela qual sou muito grato, é o fato de que as pessoas não podem enxergar dentro de mim! Então, retornamos e revisamos o conceito novamente; não é também bom que não saibamos tudo sobre outras pessoas? Não fosse esta dupla proteção, todos nós nos uniríamos ao insano coro: "Parem o mundo, eu quero descer!".

Mas quando se aplica ao casamento, isto não é nada menos que um presente colossal. Estar casado com alguém em que você vê ilhas a serem descobertas, montanhas a serem escaladas, vales a serem explorados e novos enigmas acenando à distância — isso *é* absolutamente o melhor.

Contudo, cria alguns problemas. Você não consegue aprender, de uma única vez, a lidar com pessoas como estas. É verdade que os dias nunca se tornarão tediosos quando se iniciar esta jornada; contudo por outro lado, pode ser, em alguns momentos, irritante.

Então quando você sentir vontade de dizer: "Homens! Por que o meu marido *faz* estas loucuras? Será que algum dia compreenderei o que o faz agir assim?", quando você se sentir dessa forma, apenas seja grata por um homem que você *não consegue* compreender de uma única vez.

Esta beleza do conhecimento parcial é o que faz a vida com os seus amados ser tão fascinante. Poderia esgotá-la se você permitisse, mas pode também manter seu coração cantarolando com a empolgação de simplesmente estar viva.

Sua mãe e eu estamos casados há 26 anos e de sua alma surgem emoções revigoradas todos os dias — isto é realmente a verdade. Ainda estou descobrindo coisas sobre ela que jamais soube, ainda grato por alguém tão formidável a ponto de que

precisarei de toda uma vida para descobri-la por completo — ainda com alegria no coração durante todo o dia por saber que *conhecemos em parte*.

Você vai se lembrar de Aletha. Ela nos ajudou a cuidar de você quando você era pequena; trabalhava meio período, mas a marca que deixou foi de tempo integral. Nós chegamos a ser como amigos que não se preocupam com o que dizem quando estão juntos. É por isso que quando, como pais, nos zangávamos demais ou falávamos muito severamente com um de vocês, ela os pegava em seus braços e dizia? "Ah, tudo bem! Eles só precisam mesmo é de um bom punhado de espera no Senhor!"

Essa é uma excelente palavra para paternidade e maternidade. Também faz milagres para um homem e uma mulher que tentam combinar duas vidas.

Não force demais! Ore por paciência! Deem um ao outro espaço para crescer!

Escute! Você ouve o que eu estou ouvindo? É um som distante e profundo, como um baterista tamborilando. Espero que você goste. Vamos ouvi-lo frequentemente à medida que caminhamos juntos; e estas são as palavras que se acomodam à batida:

O casamento não é uma cerimônia! É uma criação!

Seu papai, na alegria do vasto desconhecido.

Felicidade é crescer

Minha querida Karen,

Muitos casais cometem o erro de pensar que quando dois dizem: "Aceito!", significa: "Conseguimos!". Eles presumem que pelo mero ato de subir os degraus da capela já saltaram as escadas para o sétimo céu.

Alguns sociólogos dizem que esta ideia se origina do encanto hollywoodiano de nossos filmes e programas de televisão. Outros culpam os romancistas. Ou seria culpa dos compositores de canções?

Neste momento, rastrear a fonte não é tão importante como compreender plenamente este fato:

O casamento pode ser "feito no Céu" originalmente. Mas o negócio todo é mais como aqueles *kits* que vêm em partes a serem montadas. Será necessária uma cola aqui, lixar pontos ásperos ali, martelar um pouco agora, cobrir os riscos deste

lado, aplainar um pouco do outro, entalhar um pedaço, envergar levemente esta seção, envernizar, afastar-se para uma análise frequente, tirar o pó, encerar, polir, até que finalmente você tenha algo belo e alegria perene.

Se você olhar na seção "H" de seu *Dicionário Universitário Americano*, você encontrará estas importantes palavras: "A felicidade resulta de... obtenção do que se considera ser bom... Contentamento é um tipo pacífico de felicidade em que se descansa sem desejos, mesmo que todos os desejos tenham sido atendidos."

Estas palavras se aplicam até mesmo às melhores uniões. O casamento não transforma, repentinamente, pessoas imperfeitas em pessoas perfeitas. Todo ser humano tem algumas falhas. Esta afirmação arrebatadora, sinto informá-la, inclui Vincent, e você *também*.

Lidar com tais desafios é, em grande parte, uma questão de pensar com maturidade. Todos nós em algum passado remoto estivemos apaixonados pela "imagem onírica" daquilo que nosso amado perfeito seria um dia. Caso algum de vocês insista em apegar-se desmedidamente à sua fantasia, poderá estar se preparando para verdadeiras decepções.

Lembro-me de uma jovem noiva que voltou de sua lua de mel completamente decepcionada. Ela havia se casado com um homem muito mais velho. Todos nós pensávamos ter sido uma boa união considerando o conjunto específico de circunstâncias dos dois. Mas ela veio até mim consideravelmente abalada. Disse não ter conseguido se recuperar da primeira noite quando ele tirou seus dentes e os colocou em um copo na cômoda do hotel. Ele insistiu em deixar uma luz baixa enquanto faziam amor, mas aquelas dentaduras infernais olhando-a de soslaio de dentro do copo anularam por completo sua reação. Ela sabia que ele usava dentadura, mas nunca indagou o que ele fazia com ela à noite!

Graças a Deus, a maioria dos golpes cruéis que despedaçam nosso "par ideal" não são tão aberrantes. Mas eles virão. Então é importante que você desista "das coisas próprias de menina" (1 CORÍNTIOS 13:11), de tudo o que pode ter restado dos heróis fictícios de sua infância.

Caso se apegue muito firmemente, você poderá cometer dois erros sérios: (1) Desperdiçar uma boa quantidade de tempo e energia tentando transformar o seu amado em algo que ele nunca foi criado para ser; ou (2) Estar se concentrando demais no *que ele não é* a ponto de ficar cega para algumas das belas coisas que o fazem ser o que é.

Com quase todos que aprendemos a conhecer bem, descobrimos que certos defeitos são parte do preço que pagam por seus valores. Uma pessoa atraente não é na verdade uma coleção de partes avulsas, boas e ruins, espalhadas aleatoriamente. O que a torna atraente provavelmente é o modo como organiza essas partes.

O mesmo vale para a formação de um lar. Em um acordo matrimonial bem fundamentado, duas pessoas sábias tentam organizar suas partes em uma unidade que será boa para ambas. Ver o outro trabalhando nisto, ajudar um ao outro nessa conquista, é uma das dinâmicas do casamento em sua melhor expressão.

Então não deixe que o glamour lhe engane. Você mesma não é infalível e ficaria muito desconfortável se Vincent provasse ser a primeira exceção a esta regra — meninos têm defeitos e rapazes chegam incompletos ao casamento.

Olhe honestamente para as falhas dele. Olhe no espelho e veja suas próprias fraquezas. E depois, estude como vocês podem encaixar seus dois conjuntos de falhas em seus dois conjuntos de pontos fortes para criar a melhor mistura possível.

Quando você se casa, você se torna mais vulnerável à decepção e à mágoa do que jamais foi antes. Mas houve a decisão de que o risco vale a pena.

Você fez uma escolha sábia. Somente ao arriscar assim você pode se tornar qualificada para a aventura em que duas pessoas "transformam-se em uma".

Tenho em meus arquivos uma redação anônima que é uma de nossas favoritas; foi escrita por um menino de dez anos chamado Tommy, para um trabalho escolar. Há uma palavra que se destaca num consolo corajoso diante do contexto da felicidade futura. Este é o seu tema:

O que é o amor?

O amor é algo que faz duas pessoas acharem que são bonitas mesmo quando ninguém mais acha. Também as faz sentarem juntas em um banco mesmo quando tem muito espaço sobrando. É uma coisa que deixa duas pessoas muito quietas quando você está perto. E quando elas acham que você foi embora, falam de rosas e sonhos. Isso é tudo o que sei sobre amor até eu crescer!

Esperemos que ele seja um dos afortunados que aprendem que o amor fica mais delicado se você encontra alguém com quem pode compartilhar esta palavra-chave:

Crescer!

Que bom para o Tommy! Bom também para Karen e Vincent, e todos nós, é ser confrontado com o desafio de trazer rosas e sonhos à realidade por trás de nossas portas.

Queremos acreditar que vocês dois são maduros para a idade que têm. Nunca nos esqueçamos de que a maturidade é, em parte, saber onde há necessidade de tornar-se mais maduro.

Nós já ouvimos você dizer: "Vincent e eu estamos extremamente apaixonados". Quer o amor de vocês seja extremamente

fantástico ou extremamente terrível, dependerá algumas vezes da palavra usada por Tommy: *crescer*!

No desejo de um amor maduro,
Papai.

Deixe a liberdade ressoar

Minha querida Karen,

"Matrimônio divino" é um termo eclesiástico que tem um toque suave onde quer que você o ouça. Em duas palavras parece unir aquela sagrada segurança que praticamente todos esperam encontrar algum dia.

Mas você faz bem se compreender que isto nunca é correto a menos que haja dois elos neste enlace. Cada um de vocês tem direito a um deles e são seus para usar com sabedoria.

"Tudo o que tenho é seu!" "Se você me quiser eu sou seu, mas você tem que ser só minha!" "Por que não ficar com tudo o que há em mim?"; este tipo de coisa pode funcionar bem nas canções melosas dos românticos, mas o casamento em seu melhor aspecto não vive sob o código do *jukebox*. Ele vive pela integração gradual de duas pessoas que concedem uma a outra o espaço necessário para seu desenvolvimento pessoal.

Como muitas outras coisas no relacionamento marido-esposa, há uma linha tênue aqui; porque cada casamento representa a união de duas pessoas singulares, ninguém sabe exatamente onde a "linha da liberdade" fica melhor marcada em sua união. Será preciso testar e alongar cuidadosamente para, juntos, descobrirem a sua própria.

Neste momento, estou trabalhando com uma jovem esposa que recentemente sofreu um grande impacto. Seu marido anunciou que desejava uma noite por semana para sair e acrescentou que esperava não ter que dar satisfação de onde estivera em tal noite. Ele simplesmente expôs seu pedido calmamente e disse a ela que lhe daria algum tempo para refletir sobre o assunto.

Isto foi especialmente difícil para Sally. Eles estavam casados há menos de seis meses e ela havia crescido com a ideia de que "quando você se casa, um conta tudo ao outro".

Mas esta é uma jovem perspicaz. Ela concordou em refletir sobre o pedido e procurou ajuda para ter a resposta adequada. Conforme conversávamos, ela começou a procurar pistas no passado do marido.

Este é um excelente ponto de partida quando alguém o magoa. Você sabe que frequentemente outros fazem coisas estranhas *a* você por motivos que não têm origem *em* você. Eles podem estar "lidando" com uma repressão da infância, "trazendo à tona" algum antigo conflito ou lutando novamente com um problema que começou muito antes de vocês se conhecerem.

Uma compaixão saudável fundamentada em compreensão, frequentemente, tem um efeito elucidativo em ambos. Se você conseguir manter as lágrimas fora de seus olhos por tempo suficiente, poderá "ver" onde ele é cego. E se você aprender a projetar cuidadosamente sua "luz do amor", poderá contribuir para a "autotransparência" dele. Então, sempre que você for magoada, tente começar dizendo: "Talvez este seja um problema *dele*.

Antes que eu permita que se torne um problema meu, vejamos se pode ser uma ocasião para amadurecermos juntos."

Isto é verdadeiramente grande, não é? Exige um alto nível de maturidade para "agir" em amor antes de "reagir" com hostilidade.

Graças a Deus, Sally era adulta o suficiente para desviar sua mente de suas próprias feridas e se concentrar nas de seu marido. Ela sabia que Jeff era o mais novo de muitos filhos; assim ele jamais usufruíra, em casa, a privacidade a que ela teve direito quando criança. A ele não foram permitidos os preciosos pequenos segredos da infância. Seus pais tomavam decisões pelo filho muito além da época em que ele deveria tê-las tomado sozinho. Em sua adolescência, Jeff era submetido a uma inquisição após cada encontro. Sally também sabia que o pai dele desconfiava de praticamente todos, incluindo membros de sua própria família.

Conforme ela falava sobre o problema, considerava várias possibilidades. Ela brincava com a ideia de retaliação. Talvez ela também pediria uma noite para *si* sem prestar contas. Mas decidiu que não seria sua melhor jogada.

—No começo, disse ela, —isto pode mantê-lo em casa, mas não resolveria o problema. Ele precisa acreditar que alguém tem total confiança nele.

—Além do mais, (ela admitiu) uma noite fora sozinha seria um tédio para mim!

Ela então fez uma afirmação que anotei depois que ela foi embora. Talvez você a queira memorizar.

Ela concluiu:

—Eu decidi que talvez *seja inteligente se eu deixá-lo pensar que eu pertenço a ele por completo e ele é dono de si mesmo!*

Essa é uma observação notável para alguém que está no delicado primeiro ano de casamento, você não acha?

Então, ela concedeu a ele seu pedido. Uma empolgante noite fora de casa todas as semanas sem prestar contas a ninguém.

Isto tem acontecido por três meses e adivinhe o que está acontecendo? Jeff está passando cada vez mais dessas "noites livres" em casa ou saindo com a esposa. A fórmula de Sally está funcionando tão bem que ele até se voluntariou na semana passada para contar a ela onde esteve nas tais noites. Em todas essas noites sozinho ele ou foi ao cinema sem companhia ou foi jogar sinuca com os rapazes. Isso foi o que ele disse e eu acredito nele.

Você pode ver que Sally, por seu discernimento, o levou à compreensão da liberdade que ele precisa. Mas, sem que ele saiba, ela está na verdade o atraindo para mais perto dela. É de se pensar, obviamente, que o próximo passo em seu casamento virá quando ele compreender o movimento e começar a lidar com ela sabiamente.

Vejo alguns homens que nunca entendem a mensagem. Eles agem sob a ilusão de que um marido bem-sucedido é aquele que prende "a mulherzinha" no cárcere dos desejos *dele*.

Algumas mulheres cedem a este tratamento e abdicam de sua individualidade. Mas isto não é viver e jamais será o casamento em seu melhor. O "estar junto" nem sempre é saudável. Pode ser o que meus amigos psiquiatras chamam de "simbiótico". Em linguagem simples, isto significa que dois tipos diferentes de doença emocional se unem de forma que ambas se sustentam por certo período ou talvez por toda uma vida.

Isto não é para gente como vocês. Nenhuma esposa ocupa seu lugar certo se estiver subjugada sob total dominação de um marido tirano. Você reconhecerá imediatamente que o mesmo se aplica na situação oposta.

Então, espero que vocês dois se lembrem deste interessante paradoxo sobre o "estar junto". Deve incluir qualquer quantidade de "estar separado" que seja necessária para cada um de

vocês. E se você der espaço suficiente para o "estar separado", ele cria um modo de magnetizar o "estar junto".

Em outras palavras, quanto mais vocês conseguirem ser livres *um do outro* sem ressentimento quando sentirem a necessidade de liberdade, mais serão livres *um com o outro* ao compartilharem-se por inteiro.

Alguns dos melhores psicólogos que conheço me dizem que a saúde mental depende, em grande medida, da habilidade que se tem de descobrir seu verdadeiro eu e revelá-lo a uma outra pessoa. Casais sábios aceitam isto e começam a construir estas vias de mãos duplas em seu casamento.

Em nossa última carta nós conversamos sobre "crescer". Em outra, discutiremos o "crescer externamente", e também consideraremos o "sair juntos". Mas aqui, vamos constatar que o "sair sozinho" pode ser algo bom para as primeiras camadas dessa "rota de fuga" que se coloca ao redor para aproximá-los mais um do outro.

Nesta estrada, vocês devem permitir que o outro vá a alguns lugares onde haja interesses especiais que são atraentes somente para ele. Você pode ter amigos que são exclusivamente seus e ele pode ter alguns que sejam dele. Certas questões que parecem triviais para você podem ser muito importantes para ele, nisso também a recíproca é verdadeira. (É claro, tudo isto pode ser excessivo e alguns casais exageram.) Mas parceiros maduros abandonam o murmurar por tempo suficiente para prover qualquer liberdade que seja essencial para o desenvolvimento de sua individualidade conforme desenvolvem sua unidade.

Esta independência mútua é na verdade uma grande parte de sua herança. Seu histórico em casa, na igreja, na escola e na nação lhe proveu os conceitos fundamentais desta excelente maneira de viver.

Portanto, procure fazer da sua residência uma pequena república, habitada primeiro por dois cidadãos, depois por outros, cada um com direitos sagrados e privilégios próprios. Não invadam demais a privacidade um do outro. Não se apeguem com tanta força a ponto de se pressionarem até afastarem-se um do outro.

Isto é fundamental para a mulher que ama seu marido de tal forma a ponto de desejar compartilhar tudo com ele de uma única vez. Você ama Vincent desta maneira. Deseja ser "toda dele" e anseia que ele seja "todo seu". Nós sabemos que ele sente o mesmo por você.

Mas tenho novidades — vocês só alcançarão as sublimes alturas da união perfeita se prometerem um ao outro liberdade suficiente para desenvolver a criação original que é o "alto e santo lugar" em cada indivíduo.

O matrimônio divino é isto — duas pessoas crescendo tanto individualmente quanto em unidade até se tornarem o que deveriam ser juntos.

Deixe a liberdade ressoar,
Papai.

Só para descontrair

Minha querida Karen,

Achei que você gostaria de saber algo sobre o histórico de sua família.

Ao meditar nas imperfeições que surgem em nossos "perfeitos" parceiros após o casamento, lembrei-me do seguinte: assim que nos casamos, sua mãe não conseguia suportar meu hábito de deixar as gavetas da cômoda abertas. Mas eu honestamente pensava que era assim que deveria ser. Um homem quer uma camisa? Ele faz sua seleção na primeira gaveta e deixa a gaveta aberta. Ele precisa de meias? Faz sua escolha na terceira gaveta e a deixa aberta.

Estou lhe dizendo a verdade — eu achava que fechar gavetas era um dos propósitos para os quais Deus tinha criado as mulheres. Afinal, minha mãe esteve atrás de mim fechando gavetas durante 22 anos.

Porém, em menos de 22 horas, descobri que minha recém-esposa simplesmente não conseguia tolerar esta completa desconsideração.

Fico quase envergonhado por contar a você o que me causava ataques de raiva no comportamento dela. Eu descobri, para meu terror, que esta bela criatura a quem eu estava vinculado para sempre tinha um hábito horrendo: *ela apertava o tubo de pasta de dentes no meio e não na ponta!* (Você vê aqui que há algumas coisas que talvez não descubra sobre o seu "pretendido" antes do casamento.)

Por que ela fazia essa coisa terrível? Porque sempre havia apertado o tubo desta forma. Sua família não se importava nem um pouco com tubos de pasta de dentes.

Mas se importa com gavetas. Para eles, fechar gavetas era um símbolo de coisas feitas decentemente e em ordem. Tinha também outro significado: cada membro da família estava sendo atencioso com todos os outros.

É claro, tudo isso parece tolo agora. Esta é, por acaso, outra coisa gentil que a vida encontra um modo de fazer por nós; faz as coisas parecerem engraçadas, se vistas à distância, ao passo que, olhando de perto, não eram nada disso.

Espero que vocês experimentem milhões de gargalhadas ao descobrirem o lado divertido que têm dentro de si.

Só para descontrair,
Papai.

Ênfase nas coisas boas

Minha querida Karen,

Entre os primeiros lugares na lista de casamentos felizes que eu e sua mãe conhecemos está a união entre Bob e Helen J.

À primeira vista, eles pareciam ter pouco em comum. Bob é extrovertido e ela é reservada. Ele é a alegria da festa e ela geralmente será encontrada nos bastidores. Mas eles são extremamente apaixonados.

Percebemos isto pela primeira vez em um banquete enquanto um palestrante, que nos visitava, estava no meio de seu discurso. Parte do tempo, eles estavam de mãos dadas. De vez em quando, olhavam um para o outro com um sorriso discreto como se estivessem lendo em alto e bom som alguma mensagem silenciosa entre eles.

Então, certa noite fomos convidados para jantar na casa deles. Você teria adorado. Ele foi à cozinha algumas vezes e eu o ouvi perguntar se havia algo que ele podia fazer. Uma das vezes ela disse:

—Não, obrigada querido. Relaxe!

Na vez seguinte, ela o deixou servir a água. Quando nos sentamos à mesa, ele puxou a cadeira para a esposa sentar-se e então, dentre todas as coisas, ele *a serviu primeiro!* Não sei o que os livros de etiqueta dizem sobre isso, mas meu palpite é que não seria algo que o envergonharia de modo algum. E ela não protestou. Sentou-se radiante como se pensasse: "este é o jeito de se fazer as coisas. A vida não é maravilhosa?"

E era.

Todo o jantar foi belo. Várias vezes na conversa, ele pediu a opinião dela sobre certo assunto e até mesmo a ouviu enquanto ela dizia o que achava sobre aquilo. Quando acabamos a refeição, ele se levantou para ajudá-la a tirar as coisas da mesa.

Após o jantar, enquanto ele e eu estávamos sozinhos na sala de estar, decidi descobrir mais sobre isto. Indaguei:

—Bob, você e Helen parecem tão perfeitamente ajustados um ao outro. Tenho observado vocês por algum tempo e acho incrível. Vejo tantos casamentos infelizes. Você tem algum segredo que eu possa transmitir a outros?

Ele gargalhou um pouco, porém mais em hesitação do que em constrangimento. Em pouco tempo começou a relatar uma história que, acredito, seja um clássico.

—Nós tínhamos muitas dificuldades quando nos casamos, ele começou.

—Na verdade, chegamos até a conversar sobre desistir, porém, lemos algo que nos deu uma ideia. Decidimos fazer uma lista de todas as coisas que não gostávamos no outro. É claro que foi difícil, mas Helen me deu a dela e eu lhe entreguei a minha. Foi uma leitura muito dura. Algumas coisas nunca haviam sido ditas em voz alta ou compartilhadas de forma alguma.

—Depois, fizemos algo que pode parecer tolice, então espero que você não ria. Fomos até a lata de lixo no jardim dos fundos e queimamos as duas listas de coisas ruins. Ficamos olhando enquanto tornavam-se fumaça e nos abraçamos pela primeira vez em muito tempo.

—Na sequência, voltamos para dentro de casa e fizemos uma lista de todas as coisas boas que pudemos encontrar sobre o outro. Isto levou algum tempo, considerando que estávamos em uma situação muito difícil em nosso casamento. Mas continuamos e quando finalmente terminamos, fizemos outra coisa que pode parecer tola. Vamos até o meu quarto que lhe mostrarei.

Era um quarto impecável; muita luz e uma bela colcha na grande e antiga cama herdada da casa da avó.

Mas no ponto central da parede daquele quadro havia duas molduras de carvalho e o que você acha que elas continham?

Em uma estava a lista de coisas boas que Helen via em Bob. E na outra estava a lista com os garranchos de Bob que continha as virtudes de Helen. Era apenas isso. Apenas duas listas rabiscadas detrás de um vidro.

—Se é que temos algum segredo, Bob continuou...

—Acredito ser isto: concordamos em ler estas coisas pelo menos uma vez ao dia. É claro que, neste ponto, as memorizamos. Eu mal poderia começar a dizer a você o que elas fizeram por mim. Eu as recito para mim mesmo algumas vezes quando estou dirigindo ou esperando um cliente. Quando ouço amigos reclamando de suas esposas, penso em minha lista e sinto-me muito grato. O engraçado também é que quanto mais eu considero o bem que ela vê em mim, mais eu procuro ser assim. E quando realmente compreendi seus pontos bons, tentei ainda mais crescer sobre este alicerce. Agora eu acho que ela é a pessoa mais maravilhosa do mundo e acredito que ela meio que gosta de mim também. E isso é tudo!

Isso é *tudo*, Bob disse!

Mas isso é a essência de um grande casamento. Este tipo de amor tem um jeito de cancelar gradativamente o que é ruim e enaltecer o que é bom.

Você se interessará em saber que sugeri a técnica de Bob e Helen muitas vezes no aconselhamento matrimonial; e vi realizar verdadeiros milagres. Algumas vezes, o casal havia simplesmente esquecido os incríveis conceitos que tinham um pelo outro antes da troca de alianças. Geralmente estas coisas se vão discretamente. Antes que percebamos, as questões positivas desaparecem e nossos pensamentos se inclinam na direção de: "ela é legal, *mas*" ou "ele seria muito melhor *se apenas!*"

É claro que vocês devem enfrentar as questões negativas e falaremos depois sobre isso. Mas serão mais atraentes um para o outro dentro de casa, aprenderão a apreciar o bem nos outros fora de suas paredes e eles reconhecerão mais prontamente o melhor em suas vidas se vocês inclinarem seu casamento nesta direção.

Aqui está outra palavra de 1 Coríntios 13 que é digna de ser entrelaçada no tecido de seus pensamentos: *[O amor] não se alegra com a injustiça, mas regozija-se com a verdade.*

Positivamente,
Papai.

Diga-lhe que ele é maravilhoso

Minha querida Karen,

Já lhe contei sobre a redação de uma garotinha sobre "O que faz um casamento ser incrível"? Ela escreveu: "Eu acho que é quando as duas pessoas se amam do jeito certo, ou o suficiente, ou algo assim. Acho que para fazer um casamento ser incrível as pessoas precisam se tratar como companheiras na maior parte do tempo, serem educadas e coisas do tipo!".

Enquanto casais estão namorando, eles geralmente dão atenção considerável aos modos e meios de agradar um ao outro. "O que posso fazer para deixá-lo feliz?" e "Será que ela gostaria disto?" são perguntas comuns na lista dos enamorados.

Sábio é o casal que mantém esta expressão de seu amor no casamento e até mesmo a reforça conforme os anos se passam. Não me refiro somente a palavras; algumas vezes suas ações podem "pronunciar" a profundidade de seus sentimentos. Um bocado silencioso de ternura bem executada no momento certo pode comunicar sua mensagem por completo tanto quanto você o faria se falasse em voz alta.

Mas todo um exército de maridos e esposas nunca alcançam o cume; três palavras tristes descrevem muitos casamentos: "Desistiram do galanteio". Algumas vezes isto acontece imediatamente. No entanto, em geral, o galanteio abandona o lar gradualmente conforme ambos começam a subestimar um ao outro.

Deixe-me contar-lhe sobre um experimento que conduzi recentemente. (Odeio fazer isso porque coloca-nos, os homens, como os turrões que realmente somos, falemos a verdade!) Num domingo pela manhã, saí mais cedo do púlpito, deixei o encerramento do culto por conta do copastor e escapuli para a guarita do guardião no segundo andar. Pela janela da guarita, conseguíamos ver o estacionamento e eu queria assistir à congregação indo embora.

O que eu estava planejando era observar o número de maridos que, sendo cavalheiros, ainda abriam a porta do carro para suas esposas.

Posso afirmar com segurança que dez entre dez deles executava esta pequena ação durante o namoro antes do casamento. Mas eis que a esplêndida visão se dissipa!

A triste estatística é esta: apenas *três maridos em cada dez* foram até o lado oposto de seus automóveis para auxiliar suas esposas a entrarem no carro. Para sete entre dez esposas, era como se ao casarem-se com estes fortes e nobres homens elas tivessem adquirido força suficiente para abrir a porta do carro sozinhas!

Todos estes são pessoas agradáveis, você sabe, mas caíram no erro comum destas três lamentáveis palavras: "desistiram do galanteio".

Aqui, uma importante pergunta: *O seu casamento verá um aumento ou uma diminuição nos pequenos galanteios que fazem toda diferença entre um romance contínuo ou que o tornam simplesmente em mais um casamento?* Sua resposta pode depender do importante direcionamento fornecido pela menininha: "serem educadas e coisas do tipo!".

Contudo, essa ênfase no "fazer" não significa minimizar a importância de palavras bem escolhidas, pronunciadas sinceramente em momentos estratégicos. Este é um dos ingredientes de mais baixo custo nos grandes casamentos que conheci. Mas também sofre um contínuo enfraquecimento, a menos que o cultive conscientemente no dia a dia.

Se você batesse em todas as portas de qualquer quarteirão e perguntasse há quanto tempo o marido não elogia a esposa e vice-versa, ficaria surpresa. A verdade é que muitos cônjuges parecem ter um filtro em seus lábios impedindo a passagem de uma palavra gentil. Contudo, isso é algo que não custa nada, torna a vida mais aprazível e deixa o coração cantarolando.

Certa noite em uma reunião de homens, tendo você em mente, pedi aos presentes que escrevessem algumas palavras sobre o assunto: "O que os elogios de minha esposa significam para mim".

Veja alguns trechos de mais de 40 relatos:

"Elogios? Com certeza! Como o escritor que eu leio coloca: 'Eu trago o pão e ela prepara a refeição'".

"Acho que elogiar um ao outro é uma das coisas mais importantes no casamento. Sempre que ela me enaltece, sinto como se ela estivesse colocando um molde maior. Preciso crescer mais ainda para preenchê-lo."

"Minha esposa é minha fã mais fervorosa e minha melhor publicitária."

Legais, não? Que seja assim com você. Mas talvez para apresentar o total da imagem, eu deveria acrescentar alguns que procedem de corações áridos. (Pedi que não assinassem.)

"Eu gerencio uma loja e minha esposa me faz lembrar aquelas mulheres que entram como furacão batendo os pés à procura do gerente."

"Minha esposa nunca me elogia. Sinto algumas vezes vontade de dizer: 'Pelo amor de Deus, você deveria substituir essa falação por uma corneta. O incômodo seria menor!'"

"Há um homem em nosso clube cuja esposa sempre o enaltece. Eu gostaria de ter uma esposa como esta. Minha esposa não conhece nenhum elogio, ela está em uma constante expedição em busca de falhas."

"São estes os que vêm da grande tribulação" e Vincent pode nunca ter que passar por isso. Lembre-se, minha querida filha, você pode mantê-lo amando-a para sempre se você aprender mil diferentes maneiras de dizer-lhe que ele é maravilhoso.

Mas é melhor aprender a fazer isto do jeito certo. Há alguns pontos importantes a ter em mente.

Um deles é: se você abordar a situação gentilmente, *o apreço pode ser o pano de fundo para mostrar a ele suas falhas.* Todo casal deveria amadurecer visando o aprimoramento de ambos no matrimônio, caso isso não aconteça, a união fica travada em ponto morto. Veremos mais sobre isso quando falarmos sobre a arte do desacordo e de dizer a verdade em amor. Mas aqui é suficiente lembrá-la de que o verniz sempre derrete sob o calor. Você só poderá dizer-lhe que ele não é maravilhoso nos pontos em que ele não é, se já tiver dito que ele é maravilhoso nos pontos em que é.

Você também será sábia se *procurar sinais de que não está nutrindo adequadamente o ego dele.* A maioria dos maridos de vez em quando se autoelogia ao extremo. Quando o seu marido fizer isto excessivamente, pode significar que ele precisa de mais elogios seus. Preste atenção também quando vocês estiverem com outras pessoas. Caso ele afaste a multidão dos holofotes e exija toda a atenção para si, pode ser que você seja a responsável; saia do camarote e vá até a primeira fila.

Outro indicador é a ultrassensibilidade. Sempre que ele estiver hiperdefensivo em relação à sua própria notoriedade, quando a felicidade dele depender totalmente do acenar de uma cabeça vinda de fora das paredes de sua casa, você não estará escorregando — já terá escorregado.

Agora vem mais uma deixa para a esposa sagaz. *Todo homem tem certas áreas em que ele se sente particularmente satisfeito se sua esposa o enaltece.* Isto pode ser um joguinho secreto que vocês jogam. Se você jogar bem, ele pode amadurecer até não precisar mais disso. Contudo, no início, será importante, visto que quase todos os homens não são tão bons como gostariam em alguns pontos. Sua mãe era craque nisto em nossos primeiros dias juntos. Como você sabe, eu jogava futebol, beisebol, basquete e praticamente todos os jogos em que houvesse uma bola. Pelo fato de eu ser grande, conseguia me dar bem em alguns destes jogos. Mas a verdade é que eu era preguiçoso.

Ao olhar para trás, para os campos de futebol e beisebol e para as quadras onde eu jogava, nunca fui tão bom quanto gostaria. Mas *havia* um esporte em que eu era um sucesso colossal — luta (bem, pelo menos por um tempo eu era!). Como você sabe, eu ainda tenho um título no estado em que nasci. E de que importa ser um recorde por ter sido derrubado mais rápido do que qualquer outro nas finais dos pesos pesados? Eu amava lutar e estava completamente envolvido. Mas, então, conheci meu antagonista, e Golias caiu em um baque estrondoso.

Contudo, você nunca teria ouvido isso de sua mãe. Ela guardou meu segredo até que eu crescesse o suficiente para eu mesmo contá-lo. Ela, habilidosamente, continuava com os elogios a meu respeito. Então, como será com o seu marido, o marido de sua mãe transpôs o obstáculo. Ele decidiu se expor. O seu marido, também, terá estes lugares de orgulho e lugares de vergonha. Bom será se você conhecer esses lugares e jogar em favor dele. Pode levar algum tempo, mas como os anos certamente passarão, vocês dois poderão se divertir com esta distração. Assim são as esposas sábias.

Mas nos livrando destas tramas, transfiramos o pensamento àquilo que mais importa. Quando o amor decide não jogar mais, quando atinge o seu melhor, *a sinceridade é um absoluto imperativo para as expressões de enaltecimento.*

Algumas mulheres atomizadoras vão, irrefletidamente, aspergindo seus vapores por todo o lugar. Contudo, ainda que os homens pareçam gostar, a maioria deles deseja mais do que elogio falastrão das mulheres que amam. (Gosto desta frase muito pertinente que circula nas turmas de nossa escola hoje em dia: "Pare de encher minha bola, mãe! Daqui a pouco ela estoura".) Então tenha certeza de que suas palavras transmitam a verdade. Ele precisa de autenticidade vinda de você.

O carteiro está chegando. Mas antes que eu sele o envelope, vamos colocar essas palavras em nossos lábios mais uma vez: "Acho que você é maravilhoso!".

Se há uma sentença que pesa uma tonelada, é esta. Espero que Vincent se junte ao seu coro de aleluia. E que ele o cante frequentemente de maneiras variadas. Mas mesmo que ele não o faça, pare de almejar isso e comece você a fazê-lo. Se ele for tão normal quanto eu acredito que seja, haverá uma reação e será boa.

Sempre que você vir uma mulher radiante, pode ter certeza de que ela sabe que é amada. O mesmo acontece aos homens que têm confiança genuína.

Vocês podem realçar o melhor do outro se procurarem o que há de melhor e o colocarem em palavras.

Com todos os bons desejos para bons elogios,
Papai.

P.S. Há uma antiga história que supostamente veio de Vermont. Eles dizem que um velho ranzinza viveu com sua esposa por 21 anos e nunca pronunciou uma palavra sequer. Então, certo dia durante o café da manhã ele rompeu o silêncio com: "Querida, algumas vezes quando penso no quanto você significa para mim, é quase mais forte do que meu esforço para não lhe dizer!" (Esperemos que seja apenas uma lenda popular da Nova Inglaterra.)

Oscilações do Humor!

Minha querida Karen,

Ontem à noite antes da sua volta para a universidade, você me perguntou: "Tem algo que eu possa fazer com relação a esse humor?" Você disse que Vincent estava "pra baixo" e eu percebi que você estava sofrendo.

Vamos começar com um fato que você deve enfrentar: *O humor é uma parte natural de qualquer personalidade.* Em minha experiência não há exceções entre os homens. (Na verdade, nem entre mulheres e crianças.) A única variação na regra é em termos de grau, lugar, momento ou o que motiva a oscilação do humor. "Algumas vezes estou bem, algumas vezes estou mal" é a canção de todas as almas. Até mesmo os santos perdiam seu zelo parte do tempo.

Pensando nisto, não é de se concluir que essa escada rolante de via dupla faça parte de toda a vida? A música tem suas fugas sombrias e alegres cantigas de roda. A natureza tem seus ciclos. A história tem seus ápices e suas depressões. Aparentemente todas as coisas oscilam, e maridos não são exceção à regra.

Seja grata pelas bênçãos dos contrastes que estas experiências propiciam. Quando nossos amados estão de mau humor, o lado bom deles acaba se destacando, com grande alívio, depois que a agonia chega ao fim.

Talvez consigamos valorizar nossos parceiros naquilo que têm de melhor, pois nos é permitido vê-los também em seus piores momentos.

Você pode estar perguntando: "Mas o mau humor algumas vezes não passa de algo natural para algo 'doentio'?" Certamente que sim; e um modo de mensurar isto é o tempo que se leva para emergir dele. Qualquer mente geniosa que retorna rapidamente ao brilho do sol indica um clima interior sadio. Também é bom checar a frequência. Os momentos melancólicos têm sido mais frequentes? Outro sinal desagradável é o padrão montanha-russa: um dia nas alturas, outro lá embaixo! Quando este se intensificar em um índice alarmante, é melhor você correr em busca de conselho daqueles que lidam diariamente com mentes conturbadas.

Agora surge outro item de real importância: *Tente ao máximo não descer aos pântanos do desespero quando ele for para lá.* Isto é muito mais fácil de ser dito do que feito, é claro; e será necessário certo tempo para aprender a respeito. É fácil demais ficar melancólica quando ele estiver melancólico.

Porque você o ama muito, deseja compartilhar inteiramente todas as coisas com ele e pode parecer, à primeira vista, que você poderia ajudá-lo mais se, juntos, estiverem abatidos! Mas o "estar junto" do melhor tipo não significa descer juntos aos níveis mais baixos.

Se você conseguir manter o seu coração cheio dos mais altos níveis de ternura quando ele estiver para baixo, de fato contribuirá mais para a recuperação dele do que utilizando qualquer outro método. Isto pode, no início, deixá-lo furioso porque a maioria de nós nunca venceu por completo este pequeno demônio do subconsciente; refiro-me àquele que não suporta quando outros se sentem bem enquanto nós nos sentimos mal.

Mas esta ira inicial passará se você se mantiver calma. Quando passar, ele será grato por um par de pés que se manteve firme no chão. Com o tempo, você pode trabalhar para chegar em um "acordo" em que ele fará o melhor para manter-se no alto quando chegar a sua vez de descer.

Uma razão pela qual você pode ficar tentada a cair no desânimo quando ele estiver desanimado é que você pode se culpar injustamente pelo mau humor dele. Se houver falha sua e você souber, você o reconhecerá. Mas rastejar nos lamaçais emocionais da autocrítica é estritamente ruim quando se trata do humor obscuro *dele* e não de algo que, de fato, você tenha feito. Você estará crescendo quando puder dizer honestamente: "Vou me lembrar de que isto é problema *dele*. Recuso-me a ser punida por mim mesma; meu trabalho é me manter calma e pronta. Vou preparar meu coração para dar-lhe o amor mais maduro que conseguir assim que ele me der abertura."

Tenho observado mulheres habilidosas fazendo outra coisa inteligente. Elas se preparam para o mau humor de seus maridos antes que o telhado desabe.

Talvez você possa conhecer os pontos fracos de seu marido e "compreender o tornado" para dispersar os perigosos ventos. Uma das esposas mais bem-sucedidas entre nossos amigos diz que ela pede a seu marido que asse um bife para ela na churrasqueira sempre que sente algum pesar interior aproximando-se sorrateiramente dele. Ela diz que a combinação de uma deliciosa refeição e seus elogios a ele pelo churrasco fazem maravilhas ao marido.

Talvez vocês possam sair para dançar. Quem sabe um longo passeio de carro sob a luz do luar seja o antídoto certo. Caso ele prefira ir para casa e sentar-se entediado ali, então se revista do seu melhor, estenda o seu tapete e deixe-o lidar com isso sob seu próprio teto. Alguns homens que eu conheço dariam seu último centavo se pudessem ter "este abrigo firme em uma terra exaurida" em sua própria casa.

Se vocês conseguirem ter progresso considerável em lidar com todas estas coisas, poderão inclusive aprender a dar sinais de alerta um ao outro. Catherine Anthony diz que ela e Jim concordaram nesta preciosidade: se ele tiver tido um dia difícil no escritório, se ele não estiver alegre como de costume, se o mercado de ações estiver baixo ou se ele tiver perdido uma conta que esperava conseguir, nesta noite ele deve colocar uma pena vermelha em seu chapéu quando chegar em casa. "Cuidado querida! Hoje não é dia de apresentar aquela conta inesperada ou falar sobre o motor quebrado do cortador de grama!"

Há algo mais que você pode fazer. Isto é, de fato, *a* grande cura! Foi nela que sua mãe e eu encontramos o remédio mais eficaz; é soletrada com nove letras: *conversar!*

O telefone acabou de tocar. É um casal perguntando se posso atendê-los agora. Há tantos maridos e esposas que são completos estranhos um para o outro em áreas importantes.

Então, falemos sobre isso em nossa próxima carta!

Em busca de céus mais límpidos,
Papai.

A ponte da comunicação

Minha querida Karen,

"Vocês são bons em resolver questões? Conseguem discutir seus sentimentos juntos? Há alguns assuntos em que vocês pisam em ovos? Vocês são bons em comunicar seus pensamentos mais íntimos um ao outro?"

Tais perguntas são as minhas favoritas no aconselhamento pré-matrimonial. A maioria dos casais cuja união eu oficializo me garante que estes são alguns de seus pontos fortes.

Mas contra suas alegações surgem os ecos de queixas comumente ouvidas em nosso trabalho com cônjuges que estão casados há muitos anos.

—Você sabe como você se sente quando o telefone toca e ninguém atende? É assim que me sinto!

—Por favor, não diga ao meu marido que eu lhe disse isso!

—Não ouse falar nada sobre isso com minha esposa! [...] Como assim discutir sobre isso? Minha esposa é uma esfinge!

—Ele nunca responde. Ele só resmunga!

—No nosso caso, é como estar casado com um estranho!

Estas são as exatas citações das lamentações que ouvi e suas variações chegam com frequência aos meus ouvidos.

O que você acha que acontece aos apaixonados que tinham tanta certeza de sua habilidade nisto? Há muitas respostas; então começaremos com esta carta e continuaremos em várias outras, dando atenção a uma parte totalmente importante da construção que chamaremos de *Ponte da Comunicação!*

Considerando que compartilhar o coração por meio dos lábios é fundamental no casamento em sua melhor versão, comecemos com três "faça" e três "não faça" que podem ajudá-la a cuidar dessa ponte.

1. Receba-o com alegria quando ele chegar em casa.
Houve um marido que fez esta afirmação pitoresca: "Ela joga o lixo na minha cara assim que eu abro a porta". Ele então explicou que ela tinha um jeito de guardar as piores notícias de cada dia e dá-las prontamente em sua chegada. Você verá que ele é um mestre com as palavras quando ouvi-lo imitando a conversa fiada da esposa: "Junior quebrou o bebedouro do passarinho do vizinho!"... "O pneu traseiro da van está murcho de novo!"... "Você pode, *por favor*, consertar a torneira da cozinha? Eu disse a você há cinco dias que está vazando demais!"... "Fiquei sabendo que os Watson estão se divorciando!"... e assim por diante em detalhes miseráveis.

Estes terríveis anúncios são inteiramente desagradáveis como boas-vindas ao lar. Ocasionalmente deve haver exceções, mas em todo bom consenso deixam-se certos itens para mais tarde.

Agora, aqui surge um fenômeno interessante em alguns homens. Os mesmos que se opõem a este tratamento podem desejar descarregar o *seu* lixo no minuto em que passam pela porta. Talvez, tenham aprendido em algum lugar que esposas existem para ouvir as coisas ruins e maridos para ouvir as coisas boas.

Durante os seus primeiros meses juntos, caso ele seja um destes maridos, eu o deixaria se safar. Obviamente que isto não é de fato justo, mas seja uma mocinha sábia e "jogue junto" como se você também tivesse aprendido desta forma.

Desligue o fogão se você puder, ligue o rádio em alguma canção suave e traga ele para perto. Deixe que o seu coração seja o banco do lamento para ele.

Tal doçura vinda de você nos primeiros anos pode pavimentar a estrada para você ensiná-lo, mais tarde, a sabedoria de adiar a conversa de "veja que coisa terrível" que ele usa.

Pelo que vi, é uma boa ideia checar de vez em quando suas palavras de boas-vindas.

2. Separe tempo para estar em sintonia.
Uma tirinha em uma de nossas revistas retratava uma mãe atraente contando a seus dois filhos uma história para dormir. A lamentável legenda era: "Crianças, seu pai tem 1,80 m de altura, cabelos escuros, um simpático bigode, um belo bronzeado e *ele é apaixonado por golfe!*".

Todo marido deveria ter seu hobby e o mesmo vale para a esposa. Em uma de nossas primeiras cartas, discutimos o tempo longe um do outro, como se isso fosse um imã que, eventualmente, aproximasse ainda mais o casal. Mas o planeta está cheio de casais tolos cujo amor foi desviado de tal forma que são "apaixonados" por qualquer coisa que não seja o seu tempo juntos.

Então, o que você pode fazer com relação a isto? Algumas vezes pequenos remédios promovem grandes mudanças. Você poderá acrescentar muito a seu modo de vida ao aplicar o que nos ouviu chamar de nossos "acordos coloquiais".

Tenho certeza de que você se lembrará de algo bom que fizemos em nossa casa quando todos nós concordamos com este compromisso: "Vamos separar tempo para não fazer nada durante nosso jantar, exceto compartilhar as melhores partes do dia e discuti-las juntos. Vamos apresentar nossas 'coisas mais interessantes' e votar questões importantes para todos."

Em um casamento muito relevante que conheço, o marido e a esposa têm o que chamam de seu "pequeno acordo". Eles dizem: "Acabou sendo um dos maiores acordos que já fizemos!". Prometeram um ao outro que investiriam alguns minutos antes de dormir para compartilhar a seguinte pergunta: "Qual foi o momento mais feliz de sua vida hoje?".

Outros casais já concordaram em sair juntos para pelo menos uma refeição na semana. Eles separam dinheiro em seu orçamento para uma babá e para jantar em um de seus restaurantes prediletos. Eventos sociais com outras pessoas não são considerados. Estes são os seus momentos sozinhos para "se concentrarem em suas almas".

É claro que haverá emergências extremas que interromperão qualquer pacto que vocês fizerem. Mas não se permitam caminhar tão rapidamente ou preocupar-se tanto a ponto de não notar a placa que se aproxima desta ponte: "O Rio do Tempo!".

3. Descubra tudo o que você puder sobre o trabalho dele.
Um homem veio ao meu escritório certa noite para me dar um cheque. Era o dízimo dos seus primeiros lucros por uma invenção de sua autoria. Que tal uma esposa ideal como esta?

—Esta patente que começou a dar resultados — ele começou — na verdade não é ideia minha. Grace estudou tudo o que conseguiu encontrar sobre meu trabalho. Ela leu e foi a palestras, falou com todos os especialistas que pôde abordar. Então, certo dia ela disse: "Al, com a sua mente brilhante — foi assim que ela disse, sabe — aposto que você poderia inventar um olho eletrônico para diferenciar boas ervilhas de ervilhas ruins enquanto elas ainda estão na vagem. Veja como eu deduzi isso."

Ele então continuou detalhando a ideia. Estava muito além de minha compreensão, *mas não estava além da dele!* Al perseguiu a ideia com zelo e desenvolveu este dispositivo engenhoso.

Isso não é a história toda. Agora avalie essa mulher com relação a esta afirmação adicional:

—Ela me fez prometer que eu nunca diria a ninguém de onde tirei essa ideia. Meus chefes acham que eu realmente sou incrível. Eles me deram meu próprio laboratório particular para desenvolver algo milionário. E adivinhe quem é a pessoa que mais está me ajudando? Como eu poderia ser grato o suficiente por uma mulher como a Grace?

Al então me entregou a contribuição do casal e perguntou se eu faria uma oração por eles. Eu orei. Com ação de graças e louvor, orei para que eles continuassem em "sintonia" com o Eterno para coisas ainda maiores.

E eles continuarão! Uma mulher como esta é um verdadeiro achado para qualquer homem. Deixemos que isto seja o suficiente para nosso terceiro "faça"!

Os "não faça" também são importantes para o percurso do seu coração até os seus lábios. Aqui estão três dignos de serem lembrados:

1. Não deixe seus interesses em comum desaparecerem.

Praticamente todos os casais que se encontram casados têm muitos aspectos que os uniram. Mas, algumas vezes, estes aspectos sofrem uma morte gradual por causas diferentes daquilo que mencionamos anteriormente nos "faça". Qual é a razão?

Uma das principais razões dessa morte ocorre quando um dos cônjuges tende a dominar a conversa. Apressando-se insanamente para o segundo, terceiro, quarto ponto, sufocam o diálogo transformando-o num monólogo.

Muitos de nós temos esta tendência; amamos o som de nossa própria voz e nos esquecemos de que embora possamos, para nós, soar como sinos, é para a outra pessoa, mais semelhante ao grasnar de corvos enquanto ela aguarda e aguarda para expressar-se.

Esposas habilidosas que eu conheci parecem ter muitas marcas de sabedoria neste ponto: (a) Elas conhecem muitas formas engenhosas de dar ao marido o tratamento "você vai primeiro"! (b) Elas "cedem o palco" rapidamente quando veem qualquer indicação de que ele tem algo a dizer! (c) Elas aprendem a fazer uma "leitura" do marido para encontrar estes sinais: a sobrancelha erguida, o mínimo movimento no canto de seus lábios, a testa franzida ou algum gesto especial peculiar a ele.

É verdade que ele deve fazer todos os esforços para estar atento a seus pensamentos. Espero que ele seja tão sábio com relação a isto quanto espera que você seja. Mas você ouvirá os passos dele em sua ponte com mais frequência se elaborar este delicado radar.

Se você fizer isto direito, esses interesses em comum, que significavam tanto no início, podem aprofundar-se ao longo dos anos. Gradualmente, os interesses tornam-se uma treliça sobre a qual as palavras do casal se entrelaçam. Isto deixa sua ponte de comunicação mais atraente para ambos.

2. Não tente impressioná-lo com o quanto você sabe.
A inveja, de qualquer tipo, é algo perigoso no casamento e uma de suas piores formas é a inveja mental. Se ele sabe coisas que você desconhece, você terá descoberto algo grandioso quando conseguir colocar sua mente na humilde posição de dizer:

—Eu admiro a sua inteligência! Ensine-me isto!

Mas haverá situações em que o seu conhecimento superará o dele. Nisto você pode agir da melhor forma possível. Sem fazer uma grande exibição disto, pode aprender a técnica que chamamos de "facilitar a entrada"!

Você se lembra quando você e Philip eram pequenos e nós colocamos uma maçaneta na porta de tela a uma altura que vocês alcançassem? Isto evitou que duas crianças se frustrassem consideravelmente. A ideia veio de um convidado idoso em nossa casa que se cansou de vê-los batendo para entrar. A sugestão dele não apenas facilitou a vida de vocês, mas também economizou muitos passos para a mamãe e o papai.

Você já observou quantas pessoas realmente brilhantes aprendem a reduzir sua genialidade a alturas acessíveis. O mesmo vale para vocês dois. Cada um deve dominar a arte de baixar as maçanetas para dar aquilo que sabem e receber o que não sabem.

Esposas sábias se lembram do seguinte: O marido terá mais orgulho do discernimento de sua esposa, se ela deixar de exibir o seu conhecimento enquanto enfatiza o que ele sabe.

3. Não deixe de silenciar seus lábios quando tiver que fazê-lo.
Na verdade, isto é tudo o que estamos mencionando em nossos outros itens "não faça", não é? Provavelmente mencionaremos outra vez e ainda outra! A razão para toda esta repetição é porque vejo em meu trabalho um fluxo constante de mulheres tagarelas com casamentos problemáticos.

Um grupo pode ser rotulado de "As interruptoras"! Esta é uma tendência humana comum em muitos de nós. Sentamo-nos à beira de nossas cadeiras e esperamos impacientemente um momento para falar. Ou algumas vezes não esperamos! Assim que o outro inspira, aproveitamos a oportunidade e dizemos como realmente foi ou como sabemos que deveria ser! Como eu não sou uma mulher, não posso dizer como é o sentimento do lado de vocês, mas tenho observado que poucos de nós homens escolhem mulheres que estão constantemente interrompendo nossa exposição.

Outro tipo das incessantes pode ser classificada como "As hiperquestionadoras"!

O mesmo homem que espera conseguir a palavra em algum momento, pode ansiar, em outros momentos, por nada mais do que um pacífico devaneio consigo mesmo! Todos nós temos em nosso interior aqueles lugares pessoais onde nossa mente está amarrada em nós e *sabemos* que estes nós não estão prontos para serem desatados. Algumas coisas precisam ser trabalhadas interiormente, antes que sejam articuladas em frases corretas.

Começamos nossas cartas com a premissa de que não se conhece tudo sobre o outro pelo simples fato de se estar casado com esta pessoa. Esse conceito deve ser frequentemente revisto.

Você *tem* o direito de saber certas coisas "neste exato momento"! E ele também. Mas outras virão apenas ao atravessarem a ponte em seus próprios ritmos.

Por esta razão, amar corretamente é, muitas vezes, esperar corretamente.

Isto poderia ir adiante. Mas aí vem aquele baterista novamente! Ele está tocando seu tema favorito — certa distância na estrada até o Céu deve ser percorrida com passadas lentas!

É assim que acontece conforme vocês desenvolvem a arte da comunicação entre si. Mas se a desenvolverem bem, certo dia vocês alcançarão uma experiência entusiasmante. Este é o grande momento em que podem se unir na quietude. Que momentos maravilhosos são estes! Não há necessidade de palavras. Vocês podem andar de carro por quilômetros, sentar-se por longos períodos e compartilhar suas almas em conversas silenciosas. Nenhuma voz poderia acrescentar algo a isto. Tudo está silencioso e seus corações estão em paz.

Aqui está uma pequena oração que eu tento lembrar antes de todas as conversas e cada sermão. Foi-me ensinado por um sábio professor que conhecia o valor de coisas ditas e também das não ditas. Talvez vocês dois queiram aprendê-la para sua vida juntos:

> *"Senhor, enche minha boca com coisas*
> *que valham a pena ser ditas.*
> *E dá-me uma cutucada quando*
> *eu tiver dito o suficiente!"*

Papai.

Olho no olho

Minha queria Karen,

"Olho no olho" é a versão resumida do que sua mãe e eu chamamos de: *Nossas sete regras oficiais para uma luta boa e limpa.*

O "tornar-se um" de dois corações traz muita cobrança e murmuração. Mas se vocês forem sábios, se prepararão para outro som. Este é o grito de batalha! Onde quer que duas pessoas fortes estejam construindo um lar, vocês encontrarão disputas ocasionais e, de vez em quando, alguns duelos impetuosos.

Esta notícia não deve abatê-la! Se souber como lidar com elas, estas pequenas batalhas podem ser exatamente aquilo que o seu casamento precisa.

Como vocês têm aprendido a fazer, ventilar o ar do seu interior por meio dos lábios pode servir a um bom propósito em suas vidas. Pode também ser bom para outras pessoas com quem vocês se relacionam.

Se Vincent tem um local privado para "explodir", ele pode ser mais eficiente em seu trabalho. A maioria das ocupações nos dias de hoje exigem total sublimação de sentimentos até mesmo quando um homem tem todo o direito de "se deixar levar". Um conflito bem elaborado em casa pode ser uma bênção para ele, uma bênção para você e uma bênção para seus colegas de trabalho. Poderia inclusive ser um segredo para a promoção dele e, puxa, como ele amaria aumentos de salário!

Uma luta boa e limpa pode ser um excelente medicamento profilático para seu bem-estar comum. Pode prevenir dores de cabeça, sofrimentos e pressão alta. Úlceras e alergias, mau humor e incômodo, e todo um exército de outras coisas que você gostaria de evitar podem ser acrescentadas a esta lista.

Além de tudo isto, *é divertido se você fizer da forma certa!* Quando alguns casais dizem: "Estamos casados há X anos sem nenhuma palavra de contrariedade entre nós", você deve saber disto: geralmente significa que eles aprenderam algum método para colocar suas diferenças sobre a mesa e discuti-las.

Se eles, *de fato*, vivem juntos como as mais mansas ovelhas, estão perdendo muito da vida real. Em uma de nossas igrejas, a líder dos adolescentes era uma ruiva bonitinha chamada Delphine. Pediram-lhe, certa noite, que ministrasse uma lição sobre um personagem do Antigo Testamento. A atitude insegura com que ela iniciou não era nada inerente a ela. Mas antes que acabasse, ela resumiu sua dificuldade com esta afirmação clássica: "Galera, sinto muito por esse homem. Eu cacei informações em todas as suas histórias e, até onde compreendi, *o pobrezinho viveu uma vida normal!*".

Eu gostaria de lembrar quem era ele; não consigo recordar de nenhum personagem bíblico nesta triste condição. Talvez ela tenha perdido algum detalhe. Mas se estava certa, então nós *deveríamos* nos unir à sua compaixão!

A vida é em parte para ser divertida e parte da diversão é solucionar problemas, lidar com diferenças, lutar por um consenso, trazer à tona emaranhados interiores e aprender como lidar com todos estes de maneira apropriada.

Então, leve suas armas até sua ponte da comunicação esporadicamente e se prepare para ruídos e amargor do confronto "olho no olho".

A seguir as "Nossas sete regras oficiais para uma luta boa e limpa". Sua mãe e eu as imprimimos em nossa alma como afirmações, e as entregaremos a você aqui exatamente como as usufruímos durante 25 anos.

1. Antes de começarmos, ambos precisam concordar que é o momento certo.
Há um ávido castorzinho em praticamente todos nós que gosta de entrar direto no assunto quando há algo nos irritando interiormente. E há outros dias em que precisamos de toda nossa energia para simplesmente continuar respirando.

Algumas vezes, a mulher sábia aprende a ronronar como os gatinhos quando gostaria de estar arranhando como fazem os gatos adultos. Se ele está sofrendo de "fadiga pela batalha" no escritório, este não é um bom momento. O homem esperto também aprende quando soar o comando: "Descansar!", mesmo que seu baço esteja pronto a explodir. Considerando que as mulheres têm dias difíceis com as crianças e semanas em que não estão em seu melhor, eles também devem praticar o autocontrole. Essa pequena palavra, *ambos*, nesta regra, torna-se mais importante conforme você a estuda.

Vocês também podem aprender a ler os sinais um do outro indicando que se aproxima o momento de resolver a questão. Para que eu pudesse ter mais conselhos femininos vindos de uma especialista para você, recentemente perguntei a um pequeno grupo de mulheres se elas se importariam em compartilhar comigo quais são as bandeiras de guerra de seus maridos.

Aqui estão quatro observações que eu selecionei para sua contemplação:

"Sempre que ele começa a xingar no trânsito, essa é minha dica!"

"Eu vejo que algo o está incomodando quando ele começa a colocar muito mais sal em sua comida!"

"Se ele fica inusitadamente meticuloso com o modo como suas camisas ficam, é porque está se preparando!"

"Meu marido está procurando uma briga quando começa a reclamar das contas!"

Naturalmente, estas bandeiras de guerra diferirão em homens diferentes, mas você pode descobrir qual é a do Vincent. Algumas coisas devem passar pela espera. Outras, não devem ser postas em espera. Algumas coisas devem passar por uma longa espera.

Seja lá o que vocês fizerem, tenham certeza de que *ambos* conheçam as duas perguntas do meirinho: "O réu está pronto?" e "O requerente está preparado?".

2. Nós nos lembraremos que o único objetivo de nossa batalha é compreender mais profundamente um ao outro.
Há muitos rótulos bélicos importantes para a guerra relativa à conversação entre maridos e esposas que realmente se importam um com o outro.

"Humildade e honestidade" serão o tema de uma carta posterior, mas você precisará delas agora. Nenhum de vocês é "completamente São Jorge" e nenhum de vocês é "completamente o dragão".

A "paciência" é outra exigência. Sem ela, vocês podem despedaçar mais em uma hora do que se pode reparar em semanas.

"Misericórdia", "Graça" e "Dizer a verdade em amor" deveriam estar em seus corações enquanto bradam: "Preparar; apontar; fogo!".

Caso algum de vocês acerte o alvo, nunca se esqueçam: Seu objetivo principal é aperfeiçoar seu casamento por meio da compreensão mais profunda!

3. Nós verificaremos nossas armas com frequência para garantir que não sejam letais.
Isto naturalmente segue as pegadas do que temos dito. A "batalha até a morte" pode fazer sentido em seu lugar adequado, mas seu lugar adequado não é o lar. Aqui vocês estão derrubando problemas, não disparando para promover funerais!

Então seja especialmente cuidadosa com as palavras que você arremessa quando a fumaça atingir seus olhos.

Neste momento, estou trabalhando na recuperação de um casamento em que o casal perdeu a razão e o marido cometeu um grave erro. Ele gritou, por causa da ira: "Eu nunca *gostei* das porcarias das suas sardas!".

A esposa tem sardas por todo o rosto e elas são, honestamente, uma das coisas mais agradáveis nela. Mas as sardas a incomodavam desde o início da adolescência. Ele sempre lhe disse que era doido pelas sardas dela e tenho certeza de que parte dele era, mas outra parte não. Assim, ele deixou essa parte perder o controle quando a briga do casal atingiu o seu ápice.

Estamos tendo algum progresso. Ele se desculpou mil vezes. Contudo, por muito tempo haverá aquela pequena e sorrateira preocupação na mente dela: "Ele *realmente* gosta das minhas sardas como sempre jurou que gostava? Ou ele estava dizendo a verdade quando perdeu o controle?"

O sadismo é ruim em qualquer versão e uma de suas piores formas aparece ao vomitar sobre outros aquilo que eles *nunca* podem mudar.

Até mesmo a crítica mais leve é melhor abordada brandamente. Quando é lançada em ira pode trazer respostas que nada acrescentam, mas muito arrancam.

Todos temos dentro de nós um mecanismo de defesa que vem rugindo de seu canto quando somos censurados! Alguns homens aprendem muito sobre autocontrole com suas esposas. Se você permanecer sendo mestre de sua língua, mesmo quando ele não conseguir, seu marido pode emergir desta batalha com um novo respeito por uma maravilhosa esposa que sabe o que não dizer em determinados momentos!

Outra arma a ser deixada de lado permanentemente, são as frases de uso excessivo que se tornaram tão cansativas a ponto de acionarem, automaticamente, reações ruins. Um casal bem-sucedido que conheço diz que os dois concordaram em apagar o *nunca* e o *sempre* de seu vocabulário de batalha. "Você *nunca* está em casa na hora!" ou "Você *sempre* coloca as crianças em primeiro lugar!" são frases que acendem pavios que os levam a problemas. Então, eles decidiram sabiamente eliminar estas palavras-gatilho. Vocês descobrirão em breve quais são as suas frases "carregadas" e farão como eles fizeram.

Agora vem um paradoxo! Dissemos que há momentos em que nenhuma resposta é a melhor resposta. Mas em outros momentos, pode ser pior *não dizer nada* do que *dizer alguma coisa!* A absoluta ausência de qualquer fala da mulher que ele ama pode ser um dos ruídos mais altos que um homem ouvirá caso ele esteja desesperado para que ela acabe com o silêncio!

Então estude a regra três e a use habilmente. As espadas que você empunha nesta "batalha da ponte" devem ser forjadas a partir de material flexível e que cede. Suas balas de canhão devem ser mais como bolas de neve do que grandes bolas de fogo.

4. Baixaremos o tom de voz em lugar de erguê-lo.
Esta é uma de nossas sete regras que foi desenvolvida em nosso namoro antes de nos casarmos. Ela surgiu, como muitas coisas boas de nosso amor, da quietude de sua mãe. Em meu histórico tempestuoso nós "vociferávamos" quando nossa raiva irrompia e o volume aumentava com a ira. Eu disse a você como eu me apaixonei pela voz de sua mãe antes de ter visto o rosto dela. Certo dia, ela recitava algo numa de nossas aulas no Ensino Médio. Era um grande grupo de alunos. Eu estava olhando para fora da janela e me perguntando se este segundanista, em especial, poderia fazer algo importante.

Então, como uma suave prece aos meus ouvidos, veio o som de profunda paz. Olhei para a fonte desse som e naquele exato momento fiz um voto: Se algum dia eu começasse a pensar em garotas, seria nesta que eu pensaria bastante, primeiro.

O resto você sabe. Quando começamos nosso namoro, senti o que Shakespeare quis dizer quando afirmou: "A voz tinha sempre branda, agradável e baixa, predicado na mulher de valor inestimável".

Mas como todos os namorados, a primeira hora de raiva chegou e eu iniciei o procedimento habitual. Então, ela me interrompeu em minhas "trilhas sonoras" e explicou que ela conhecia um modo melhor. Sua mãe disse quebrando sua quietude interior: "Que tal concordarmos que a partir de hoje quando tivermos um conflito baixaremos nossas vozes uma oitava em vez de subir duas?".

Tem sido um esforço impressionante. Mas é assim que é. Para um marido diminuir seu volume requer a mais severa disciplina. O mesmo acontece com algumas mulheres.

5. *Nunca discutiremos em público nem divulgaremos questões particulares.*

Nós fazíamos parte de um grupo em uma de nossas igrejas em que havia uma dupla de sabujos. Eram "sabujos humanos", um casal, marido e mulher que farejavam constantemente as falhas um do outro.

Exemplo: Se ele estivesse contando as felizes memórias de uma viagem de férias do casal, ela viria logo atrás dele à procura de um erro. Então acontecia. Ele cometia *o* terrível erro! Recordando as alegrias das duas semanas de viagem, ele dizia:

—Na primeira terça-feira choveu, então ficamos no chalé e jogamos baralho!

Aqui vamos nós!

—*Não! Não! Não!* Você não lembra, querido? Na terça dirigimos pela montanha. *Quarta-feira* foi o dia em que choveu!

E assim a guerra começava.

—Foi *sim* na terça-feira; *deve* ter sido na terça porque etc., etc.!

Em pouco tempo estávamos ouvindo um registro completo de segunda, terça, quarta, quinta, sexta, sábado, domingo. E então os soldados marchavam para a segunda semana!

Neste grupo havia um charmoso e robusto boiadeiro a quem chamávamos de "Grande Ed". Ele era vigoroso em tantos aspectos e um deles era em palavras explosivas quando suas caldeiras interiores estavam ativas. Com a torcida secreta de todos nós, ele rugia nos ouvidos do casal: *Por que vocês não lavam a roupa suja em casa?*

Essa é uma boa pergunta com apenas uma resposta. Todo o polimento e as esfregadas particulares deveriam ser feitos em seu lugar adequado; e esse lugar é em particular!

Há mais um ponto em nossa regra. Acordamos de que jamais atacaríamos o outro em público quando *não* estivéssemos juntos. Conheci pouquíssimos homens que conseguiram perdoar prontamente suas esposas que os criticaram e se queixaram deles sem que eles estivessem presentes.

Garanta ao Vincent que as mulheres não são muito diferentes dos homens nisto! Então destaque a regra cinco com uma forte caneta vermelha.

6. Nós conversaremos sobre um acordo de trégua quando um dos dois pedir um "cessar".
Preste atenção na expressão: "Nós *conversaremos* sobre um acordo de trégua!". Alguns homens são desistentes por natureza e algumas mulheres levantam a bandeira branca cedo demais! Em nosso caso é necessário um voto unânime dos dois antes de finalmente assinarmos a trégua. Algumas vezes, o silêncio não é ouro. Pode ser uma pálida sombra amarela.

Se vocês concordarem com estas regras, haverá então, necessariamente, uma percepção de jogo justo até o fim do percurso. Sem um bom espírito esportivo, em ambos os lados, não se pode ter o tipo de "luta boa e limpa" que rotula nossas regras.

No entanto, como temos visto, algumas coisas no casamento podem acontecer de várias formas. Alguns homens preferem ficar acordados a noite toda e arrastar o adversário!

Como você *consegue* acabar com a briga se você deseja parar, mas ele quer continuar? Aqui está uma jogada para o cessar-fogo que raramente falha conosco. Funciona assim: "Estou *começando* a ver o que você está querendo dizer! Mas vou precisar de um tempo para refletir sobre isso. *Por favor, vamos fazer as pazes agora para eu poder pensar por um tempo e concluir que você pode estar certo!*" (Ele realmente pode estar certo, entende?).

Se isso não resolver, o seu casamento pode estar mais enfermo do que você pensa! Talvez vocês precisem de ajuda de especialistas que abordem algo mais profundo e resolvam problemas mais sérios do que aqueles que regras como estas poderiam reparar.

7. Quando entrarmos em um acordo, deixaremos a questão de lado até que ambos concordem que é necessário mais debate.
Uma união saudável exige que você nunca esqueça algumas coisas e jamais se lembre de outras. O matrimônio deve ter seus cofres. Em alguns destes, você coloca certos itens e joga a chave fora. No entanto, a chave de outros, você guarda para abri-los posteriormente.

Você percebeu a palavra "ambos" nesta regra também? Se um "par de olhos" apresentar, indevidamente, o olhar furioso durante "a espera", será bom falar sobre isso e talvez retirar o problema do cofre para revê-lo.

Um dos entendimentos ilimitados no relacionamento marido-mulher é que vocês ainda podem se amar mesmo que haja coisas ao redor de que vocês, na verdade, não gostem!

Em um almoço, ouvimos recentemente um palestrante afirmar que nenhum casal jamais deveria dormir sem conversar sobre *tudo* entre si. Ele fundamentou sua declaração nas palavras de Paulo: "Não se ponha o sol sobre a vossa ira"!

Não tivemos oportunidade de conversar com esse homem depois de seu discurso, mas me pergunto se ele realmente quis dizer *tudo*! As palavras de Paulo soam ideais, mas o problema é que, sem interpretação, elas são apenas voltadas para a direção geral da verdade.

Alguns eruditos argumentam que Paulo foi casado. Outros insistem que não. Mas, quer tenha sido quer não, se você estudar todas as suas cartas, chegará à conclusão de que ele sabia do que falava!

Foi o mesmo Paulo que nos ensinou que pessoas cheias do Espírito manifestarão o Seu fruto que é "amor, alegria, paz, longanimidade, benignidade, bondade, fidelidade, mansidão, domínio próprio"! Quem conseguiria falar sobre todos estes antes que o sol de um dia se ponha por trás da colina?

Então mantenha-se firme; trabalhando. Mantenha-se descansando; confiando. Mantenha-se animando. Mantenha-se em entrega. Mantenha estas coisas guardadas para depois. Mantenha outras trancadas para sempre. Mantenha a conversa. Mantenha o ouvir. Mantenha a caminhada.

Vocês não alcançarão a plenitude até o anoitecer! Mas não será necessário!

Se no dia de hoje vocês entregarem todo o amor que seus corações puderem produzir, então o amanhã continuará lhes dando um amor maior e mais grandioso.

Para o casal que permanece nutrindo seu amor nunca há fim para as glórias do casamento.

Continue lutando corretamente,
Papai.

"Sinto muito, amor"

Minha querida Karen,

As três palavras mais importantes no casamento depois de "Eu amo você", podem ser o pequeno reconhecimento: "Sinto muito, amor!".

Já tratamos do fato de que viver juntos em perfeita harmonia é mais um ideal do que, de fato, uma realidade. Até mesmo por aquele a quem mais amamos sentiremos lampejos de ódio. Você deverá tomar uma atitude sensível com relação a isso. Talvez aquelas palavras iradas precisavam "vir à tona". Talvez elas tenham aberto compartimentos subterrâneos para dar espaço a mais amor.

Considerando que o pedido de desculpas é um ingrediente fundamental no casamento, nós falaremos nesta carta sobre três pensamentos que, espero, sejam úteis.

1. Algumas pessoas têm dificuldade em demonstrar arrependimento.

Certa esposa, casada com um homem "santarrão", fez este triste relato em um de nossos encontros: "David *sempre* está ao lado do Senhor e é difícil demais se dar bem com um homem que *sempre* está ao lado do Senhor!".

Estes são homens difíceis de se conviver. Também é difícil para os maridos cujas esposas se comportam como santas autoconsagradas. Você perceberá imediatamente que aqui está outro lugar em que o problema pode criar raízes profundas. Talvez ele tenha sido ensinado que o remorso de qualquer tipo é uma forma de fraqueza. Quem sabe ele tenha oferecido um pedido de desculpas uma vez e tenha sido rejeitado. Possivelmente você pode ajudá-lo a identificar a razão e libertá-lo de mais uma amarra de sua infância.

Você agirá bem se examinar a rixa entre vocês e procurar sinais de que *você* pode ser a parte culpada desta vez. Se você estiver se defendendo exageradamente, se estiver açoitando o inimigo continuamente pelas ruas com seus pensamentos, ou sentindo autopiedade, ou fazendo tempestade em copo d'água, ou soando como um comandante sempre que fala, ou cedendo a qualquer uma de suas racionalizações favoritas — então este pode ser seu dia de confissão. Um profeta do Antigo Testamento nos dá uma palavra para esses momentos em que concedemos *status quo* às nossas defesas e nos recusamos a nos movimentar: "debalde multiplicas remédios, pois não há remédio para curar-te".

Nós já passamos por esta estrada pedregosa em nossas cartas, então vamos em frente com esta canção de grandes mulheres: *A grandiosidade nunca começará a menos que comece em mim!*

Ainda que a culpa seja *toda* dele, o que não será muito provável, você pode remendar uma desavença e ainda manter o seu autorespeito! Se ele se recusar a ser honesto, você pode ser honesta o suficiente para dizer: "Sinto muito por nossa desavença; perdoe-me por tudo o que eu disse que não deveria ter dito. Há tantas coisas que eu gosto em você; valorizo o seu amor mais do que qualquer coisa no mundo e me sinto péssima quando não estamos em sintonia".

Sem ser hipócrita, você pode fazer todos os esforços para alinhar as coisas do seu lado. E se ele ainda persistir, você, pelo menos, terá preparado a sua alma para recebê-lo amavelmente quando ele estiver pronto. É doente o homem que sempre rejeita a sincera mensagem "estou esperando para amar você", do coração sincero de uma mulher.

O pedido de desculpas geralmente exige que o membro mais maduro da dupla faça a primeira jogada. Alguns especialistas em matrimônio dizem que o segredo para o sucesso no lar é mudar a partilha habitual de meio a meio para 60/40. Eles nos dizem que quando ambos os membros da união estão dispostos a caminhar mais da metade do percurso, o casal terá atingido o objetivo. Essa sabedoria se aplica particularmente ao expressar arrependimento. Esperamos que vocês dois possam desenvolver a flexibilidade necessária para caminhar mais da metade do percurso.

2. Arrependimentos e humor combinam.
Um sábio anônimo sugere que damos um longo passo adiante quando conseguimos fazer a seguinte conjugação:

> Eu sou uma piada
> Tu és uma piada
> Ele é uma piada
> Nós somos piadas
> Vós sois piadas
> Eles são piadas

Ajuda a colocar nossa alma em ordem quando a começamos com "*Eu* sou uma piada!".

Agora surge do outro lado das colinas do ontem outro fato a ser lembrado. Sua avó gostava de dizer: "Nunca se esqueça de que há dois tipos de engraçado. Há o 'engraçado gargalhada' e o 'engraçado peculiar' e é melhor você saber qual é qual."

Isto é adequado a muitas situações e uma delas é neste dar e receber da expressão conjugal. A risada excessiva pode indicar mais histeria do que boa saúde! Algumas etapas do casamento não são espaços para comédia.

Os sorrisos também são de muitos tipos. Você terá que estar alerta para quando cada uma de suas muitas expressões faciais será apropriada. Jamais disfarce a interpretação, se a peça pede um toque sólido de realidade!

No entanto, sempre que um casal aprende a como gargalhar, a sorrir e a se alegrar com seus erros, algo maravilhoso acontece em seu lar. Os altos Céus têm esquadrões especiais de limpeza que respondem a estes sinais. Eles vêm para varrer os cacos e conceder a esse casamento um novo começo.

3. O pedido de desculpas é um destes lugares onde as perguntas: "Quem fez isso?" ou "Por que ele fez isso?" ou "Como ela pôde fazer isso?", não são tão importantes quanto "Qual é a forma mais rápida de acertar as coisas novamente?".

O Sr. Reed me ensinou algo grandioso. A pequena cidade onde eu cresci era um lugar ideal para meninos que amavam água. Certo dia, a autoridade responsável pelo rio anunciou uma corrida de canoas. A competição era subindo o afluente em um ponto que ninguém de nosso grupo conhecia. Nós tínhamos muito tempo para nos preparar, então naturalmente examinamos o percurso com cuidado e treinamos por muitas horas. O

Sr. Reed morava na margem onde, habitualmente, nós brincávamos e ele era nosso amigo. Em uma de nossas visitas noturnas, eu estava reclamando das pedras irregulares e pedregulhos naquele ponto. Por certo tempo, ele ouviu minha triste história. Então, interrompeu-me com estas sábias palavras:

—Filho, ele aconselhou, você jamais vencerá reclamando das pedras. Deixe de se preocupar com elas e *descubra onde estão os canais!*

Essa é uma bela palavra aos apaixonados. Digamos que ele, *de fato*, tenha começado a discussão. Ou talvez *você* seja a parte culpada. Possivelmente, nenhum dos dois consiga se lembrar da origem. Mas *onde* começou não é a questão principal. O que mais conta é *quando* será resolvida. Em certas coisas do amor: "quanto mais cedo, melhor", e essa regra se escreve aqui com rigor!

Tennyson coloca isso muito bem em *Idílios do Rei*:
No interior do alaúde a rachadura
Dia a dia rouba da música a estrutura!

Então, se este for um destes dias, vá neste minuto ao telefone e disque o número dele. Com sua voz mais suave, deixe que o amor em seu coração se derrame. A alegria irrompe em uma explosão de nova glória e você alcança dignidade real quando dispensa os encargos de seus erros com estas três palavras de grande importância no casamento: Sinto muito, amor!

Com as desculpas adequadas,
Papai.

P.S. Achei que você se interessaria em ouvir que estamos trabalhando com o David, o camarada que está "sempre do lado do Senhor!". Acho que estamos tendo algum progresso. Ele está começando a reordenar seu orgulho. Se ele continuar seu aperfeiçoamento, um dia eu poderei lembrá-lo de que foi Moisés e não Davi que recebeu as leis de Deus no alto do monte Sinai!

As gêmeas "H": humildade e honestidade

Minha querida Karen,

Minha tirinha favorita de *Timid Soul* [N.E.: Charge impressa entre 1920-50.] mostra Caspar Milquetoast parado em uma esquina sob uma chuva forte. Água corria pela borda de seu chapéu e, ainda que tremesse pela penúria, ele finalmente junta coragem para dizer: "Se aquele camarada não chegar dentro de 45 minutos, *ele pode ir e emprestar esse dinheiro de outra pessoa!*".

A humildade é frequentemente retratada desta forma. Mas ser verdadeiramente humilde, no sentido mais refinado, não se relaciona em nada a encolher-se diante de outros e rastejar pela vida.

Um de meus amigos Quaker usa um termo que encerra a questão sobre o real significado de humildade. Quando ele é "abatido" pela vida, pessoas ou circunstâncias, ele diz com um sorriso: "Minha alma foi amansada!".

Ouvi longas discussões, li inúmeros sermões e estudei os escritos de eruditos expondo o significado da frase "bem-aventurados os mansos!". Suas interpretações variam de algo entre o pobre Caspar a potentes frases que ressoam com poder.

Rastreando de volta ao seu uso original, tenho a impressão de que *ser manso significa enfrentar a diferença entre o que somos e o que devemos ser*.

As pessoas mais extraordinárias que conheço são ricas neste tipo de humildade. O mesmo vale para os casamentos mais aprimorados. Vocês acrescentarão muito à vida com o outro se conseguirem dizer: "Bem-aventurados são os casais que são humildes e honestos, pois alcançarão um amor mais elevado!".

Muitas coisas preciosas acontecem quando vocês vivem por esta bênção. Coragem para analisarem-se, graça para se desculparem sinceramente, paciência para segurar suas línguas quando devem, habilidade para levar o outro até o espelho — estas são algumas das boas coisas que "as gêmeas 'H'" trazem consigo, se você as convidar para o seu lar.

Vamos dar uma olhada em dois feios itens que se sentirão desencorajados a bater em sua porta, se suas almas estiverem sendo "amansadas" juntas.

Fofoca é um deles. Há um conhecido adágio que diz: "Mentes pequenas discutem pessoas; mentes medianas discutem eventos; mentes grandiosas discutem ideias!".

Naturalmente, haverá momentos em que sua conversa estará centrada em pessoas e dias em que serão compartilhados eventos. Mas será bom se você checar sua conversa frequentemente para ter certeza de que não está soprando porções de pó e poeira externos para o centro de seus pensamentos.

O julgamento e a "convocação para júri" têm o seu lugar, assim como a censura e a crítica. Mas seu lugar principal não é em sua casa.

A questão de homens serem tão culpados quanto mulheres está aberta aqui para debate. Muitos de nós homens *terão* que lidar com certo prestar contas, neste ponto.

Mas vocês podem desenvolver algumas medidas profiláticas se dedicarem suas línguas à conversa construtiva em lugar da destrutiva.

Um clube de cartas que conheço fez algo interessante. A senhora que me relatou o feito, disse:

—Nenhuma de nossas mulheres roubaria dinheiro; também não roubaríamos objetos. Contudo, nós caímos no hábito de negligentemente roubar o bom nome de alguém sem nem pensar.

Então, uma corajosa alma ousou falar. Considerando que estas são de fato mulheres de caráter, elas entenderam a mensagem e enfrentaram os fatos. Como medida corretiva, elas emolduraram este agradável gracejo e o colocaram em um lugar de destaque onde todas vissem durante o jogo:

"Eu não diria nada sobre ela
A menos que pudesse dizer algo bom;
E, nossa, como é bom!"

Segundo elas, isto fez milagres e há um novo espírito revigorante em sua comunhão. Se todos os moradores de todas as casas fizessem o mesmo, isto poderia ser um purificador de ar, digno de um preço alto!

A humildade e a honestidade podem ser difíceis de alcançar parcialmente visto que é mais fácil bisbilhotar o porão do outro do que limpar sua própria fuligem e cinzas.

Se você insistir, não amadurecerá até atingir a grandiosidade que há em você. Quando desce as escadas "do outro", você mesma se rebaixa. Mas se você redirecionar seus passos para cima procurando os melhores pontos do outro, você se eleva. Aqui está uma destas leis universais que não funciona de nenhuma outra forma.

Permitir a si mesmos esta atitude de "eu sou bom e ele não é tão bom" eventualmente sujará sua ponte da comunicação deixando-a desinteressante para ambos.

Resmungar está entre as principais queixas em meu escritório. Por alguma razão, mais maridos me trazem esta queixa do que as esposas. Novamente, não tenho certeza de que as esposas praticam isto mais do que os maridos, mas tenho certeza disto: uma forma de mantê-lo amando você é evitar censuras e insistências enfadonhas de qualquer tipo.

Aqueles que exageram aqui poderão ter que viajar de volta aos caminhos de suas histórias pessoais para descobrir algumas razões para suas naturezas reprovadoras. O perfeccionismo é uma das fontes mais comuns. Sempre que uma criança é criada por adultos cujo espírito é "nada exceto o seu melhor nos satisfará", poderá desenvolver uma língua afiada. Uma criação severa que arraiga padrões anormais quase que certamente suscitará insatisfação com tudo e todos.

Homens que têm que viver com mulheres com este temperamento não se tornam mais ensináveis. Eles apenas erguem suas defesas mais ainda e finalmente constroem barreiras à prova de som em seus ouvidos. Ou, caso seu aparelho auditivo não esteja equipado para fazer isto, eles se afastam do "poço" de cobranças e acusações em que se tornou seu casamento. Trabalhando até mais tarde quando não precisam, bebendo em excesso, tornando-se mulherengo e, finalmente, o escritório de seu advogado, tudo isto pode se transformar em refúgios de descanso se comparados aos fortes ventos das palavras de sua esposa!

Certo homem descreveu sua esposa com esta condenatória afirmação: "Ela seria uma excelente promotora pública! Ela tem seus servidores procurando minhas falhas e os mantém trabalhando sete dias por semanas, 24 horas por dia!".

Essa é uma declaração lamentável, não é mesmo? Sinto por haver outros que se identificarão com ela em todos os vilarejos e cidades. Então, quando você se encontrar, ainda que levemente, nesta direção, pare no mesmo instante e coloque os servidores para trabalharem em seu interior.

"As gêmeas 'H'" trarão seu próprio equipamento de limpeza se você lhes der acesso em todos os cantos. Mas estas equipes "que averiguam os fatos" têm um jeito desconfortável de trabalhar: Sempre começam com o fato "número um" ou se recusam a começar. Eventualmente, elas podem mover seus baldes e panos para o outro lado da união, mas não lhes peça que comecem ali. Pois elas nunca o farão!

"Minha alma foi amansada!", é como meu amigo Quaker coloca. Acredito que você terá sabedoria e graça para juntar--se a essas magníficas mulheres que sabem que ele escolheu as palavras adequadas.

Se você tivesse as asas de um anjo, provavelmente estaria pronta para o Céu e, ainda que todos esperemos chegar lá eventualmente, muito provavelmente chegaremos quando dissermos, de todo o coração: "Minh'alma, tu te afliges aqui e aqui!".

De um lado de sua família, você vem de uma linhagem que acha terrivelmente difícil abrir a caixa interior e enfrentar os demônios dali. Mas com o outro lado, você aprendeu que não há outra estrada que a conduza à paz interior.

Estamos lidando com coisas difíceis aqui. Que você tenha grandeza de alma para *examinar-se primeiro*, em humildade e honestidade.

Lutando com você pela verdadeira mansidão,
Papai.

P.S. Acabei de me lembrar de uma mulher que disse: "Eu estava agindo com a ilusão de que precisava de um novo marido. Então certo dia, ocorreu-me que talvez meu marido precisasse de uma nova esposa!"

Conectando-se para chegar ao verdadeiro eu

Minha querida Karen,

É muito importante que você compreenda isto em relação aos homens: a maior parte do dia deles é gasta num mundo impessoal.

Em certas profissões, aquilo que o homem *faz* importa mais do que como ele realmente se *sente*. Em alguns empregos, o que ele *produz* para sua empresa é mais importante aos olhos dos empregadores do que *como ele pensa*.

Os negócios modernos são desenvolvidos de tal forma que a pessoa é frequentemente eclipsada pelo onipotente dinheiro, e o verdadeiro eu de um homem pode ser seriamente reprimido.

Por causa disto, um homem fará praticamente qualquer coisa por uma mulher que conseguir se conectar a ele e chegar ao seu homem interior.

Aqui está um exemplo do que quero dizer. Você não se lembrará disto, pois era pequena.

Um líder na igreja, pai de duas filhas crescidas, abandonou sua esposa e se casou com a ascensorista.

Não fui o único que ficou horrorizado; todos na cidade foram prejudicados quando ele vendeu sua bem-sucedida empresa e se mudou para outro estado a fim de recomeçar. Por um tempo, em nossa comunidade, era como se nada além daquilo estivesse acontecendo no mundo.

Porém, quero repassar-lhe algumas coisas que ele compartilhou comigo quando veio se despedir. Nós éramos melhores amigos e podíamos conversar de coração para coração. Quando chegou o momento de alguma palavra de explicação, foi desta forma que ele colocou:

—Charlie, não espero que você compreenda, mas deixe-me dizer-lhe como começou. Certo dia, nós estávamos sozinhos no elevador que estava subindo. Logo antes que ela abrisse a porta, ela colocou sua mão em meu braço e disse: "Por favor, não me ache atrevida, mas quero que você saiba que em minha opinião você é o homem mais gentil em todo este edifício. Durante quatro anos eu vejo você erguer o chapéu às senhoras e sorrir. Mas você faz de uma forma diferente dos outros homens. No seu caso é mais como se viesse do coração. Eu só queria dizer-lhe obrigada por você ser o que é."

Ele então continuou explicando que com o passar das semanas eles começaram a conversar e ele descobriu o que ela estava querendo dizer. Ela fora casada duas vezes e disse a ele:

—Ambos *me tratavam como se eu fosse um objeto.*

Isso, segundo ele, foi a afirmação que acendeu a chama visto que era assim que ele se sentia em relação a si mesmo. Ele tinha sido um marido fiel, e eu sabia disso. Era um bom pai e eu também sabia disso. E toda a cidade podia ver que tinha sido um bom provedor.

Mas havia algo que faltava e foi assim que ele o descreveu:

—Minha esposa não me amava por *mim*! Ela me amava por *si mesma*! Ela me "usava" e então minhas filhas também me usavam. Até que conhecesse outro coração vazio como o meu eu não conseguia perceber *o quanto é importante ser amado por quem você é!*

Foi isso que o homem disse. Ele abriu mão de *status*, investimentos, liderança, um futuro seguro. Virou as costas para tudo isto por uma ascensorista que se conectou a ele para compartilhar seu verdadeiro eu.

Jamais pude discutir isto com a esposa abandonada. Éramos amigos também, mas ela fechou as cortinas de seu coração e se recusou a falar sobre isso. Ele não disse nada mais do que estas poucas linhas que compartilhei com você.

Mas posso falar algumas coisas que captei ao longo dos anos desde essa primeira chocante experiência. Eu já vi isto acontecer muitas vezes e há certas coisas que *não serão* benéficas em prol de que seu marido abra seu eu completo a você. Em nossa quarta carta, nós conversamos sobre o fator liberdade que funcionará para que seu marido se revele. Consideramos a honestidade e o pedido de desculpas como auxílios adicionais para a autorrevelação. Veremos outros fatores mais tarde, porém, agora eu sugeriria que você eliminasse três palavras de seu casamento e as mantivesse apagadas, se espera se conectar por completo ao seu marido.

1. Ridículo!
É claro que ele terá algumas ideias descabidas; todo pensador as tem. Mas se ele tiver uma, ouça-o com atenção deslumbrada. Isto pode representar algo que veio a ele em um lampejo no escritório. Ele estará se perguntando: "Será que fiz uma descoberta brilhante,

ou tem algumas 'falhas' aqui que não estou vendo?" Ele deseja ter certeza antes de apresentar a ideia a seus superiores; sabe que os homens geralmente julgam outros homens por sua habilidade em considerar todos os ângulos antes de saírem armados.

Vamos repetir! É exigido da maioria de nós, maridos, que vivamos atrás de uma certa fachada parcial em nossos cargos. Vemos coisas que sabemos estar certas, vemos outras que sabemos estar erradas; contudo "a política" ou "o momento" ou "a conveniência" podem pedir que haja sublimação. Também sentimos que ainda que chequemos as coisas dezenas de vezes em nossa mente podemos não ver alguns erros que surgem quando nossos pensamentos são expressos em voz alta. Tudo isto torna o lar muito mais atraente se pudermos compartilhar nossos pensamentos reprimidos sabendo que serão ouvidos plenamente sem nenhum indício de desdém.

Então, deixe-o falar mesmo que ele esteja completamente fora da realidade. Não o interrompa cedo demais. Talvez ele descubra a falha sozinho ao expressar-se livremente. Um homem maduro tem grande entusiasmo ao compreender algo em seu próprio pensamento desarticulado. Mas se ele não percebe e você sim, essa é a hora de se controlar! Haverá muito tempo depois para você trazê-lo cuidadosamente de volta à realidade.

Você pode rir *com* ele. Você pode dizer que ele é o aspecto mais divertido na diversão. Mas nunca ria *das* coisas que ele compartilha com você até que ele ria primeiro. A ridicularização em pequenas ou grandes doses eventualmente faz qualquer homem se enclausurar.

2. Hiperexigência!
Esta é uma longa palavra e exigiria tempo demais para soletrá-la em todos os seus significados. A razão é que alguns homens

gostam de um tipo de esmero e alguns de outro. Mas minha observação é que a esposa perfeccionista está geralmente indo em direção ao problema.

Isto se aplica tanto a cuidar da casa quanto de si mesma.

Nenhum lar conseguirá representar o apogeu de beleza para um homem a menos que haja algo ali que pareça dizer: "Venha! Recline-se, descanse bem!". Se todo o lugar é mantido tão impecavelmente a ponto de denotar rigidez, você pode desencorajar a sua automanifestação.

O mesmo vale para você. O aspecto de "boneca de porcelana que não deve ser tocada" é para bonecas de porcelana. É verdade que mulheres devem ser admiradas e contempladas em sua beleza. Você deve querer que ele se orgulhe de suas roupas e de como você as usa; o asseio de vestimenta e da pessoa é também prioridade, como qualquer moça atenta aos anúncios e aos comerciais já sabe. Então, tanto em público como somente para ele, você deve ter estas coisas em mente. Mas a mulher bem cuidada usa algo mais com seus trajes limpos e seu perfume. É aquele convite sutil que parece dizer: "Venha me tocar! Envolva-me em seus braços!"

Esta é uma arte a ser aprendida. Ela varia com cada esposa, pois cada marido tem suas preferências e desinteresses particulares. Mas a mulher sábia é aquela que sabe que todo homem é equipado, tanto corpo e alma, com um radar subconsciente que procura um lugar onde possa sentir-se à vontade.

3. Pressão!

A maioria dos maridos também tem algo em seu interior que automaticamente levanta barreiras contra a esposa que está sempre salientando como seus amigos estão se dando melhor no mundo econômico. Então quer dizer que Joe agora é vice-presidente? Talvez Vincent não queira fazer do modo como

Joe fez! Talvez ele simplesmente não queira ser vice-presidente e ponto final! Exalte-o pelo que ele alcançou, mas não exibindo continuamente diante dele as honras de outros.

Há uma corrosão secreta no coração de qualquer homem que sinta ser constantemente medido não por seus próprios méritos, mas em comparação aos méritos de outros. A pressão excessiva de uma mulher é com certeza um "distanciador" no casamento. Poucos homens se soltam livremente diante da mulher do tipo "vai-vai-vai".

O mesmo é válido se você o forçar socialmente até que ele não seja mais ele mesmo. Se, durante o dia, ele sentir que precisa viver com uma máscara por questões de prudência, ele então valorizará ainda mais amigos que lhe dão a sensação de "naturalidade" e o permitem sentir o mesmo.

Noites, fins de semana e horas "livres" têm significado especial para a maioria dos homens. É claro, todos estes são preciosos para as mulheres também. Fica aberta a discussão se ser dona de casa exige tanta responsabilidade quanto ser o provedor do pão; mas não há debate para o fato de que o homem que precisa viver a maior parte de seu tempo de trabalho num disfarce parcial será grato por uma esposa que compreenda seu dilema e proveja para ele um lugar onde possa ser ele mesmo.

Um dos desafios que enfrentamos frequentemente na vida é encontrar a linha tênue entre o suficiente e o exagero. Isto é verdade nestes três pontos.

Vocês devem trabalhar por uma atmosfera onde possam dizer toda a verdade. Mas isto geralmente vem apenas após vocês provarem ser caixas de ressonância que jamais liberam um sinal de ridicularização.

Você deve fazer todo esforço possível para manter sua casa, e você mesma, arrumada e asseada. Mas não o fará em exagero.

Você será sábia se deixá-lo ter uma opinião de extrema importância naquilo que é adequado a você, com quem sai e o que ele pode fazer sem que você faça comparação insistente com as realizações de outros.

Estabelecer uma verdadeira transparência de pessoa para pessoa é outro grande aspecto relacionado ao casamento.

Não virá facilmente! Quebrar as crostas protetoras que construímos ao nosso redor pode ser algo lento. Algumas vezes doloroso. Por isto ser verdade, haverá momentos de resistência interior de ambos os lados. Mas não permita que isto continue por muito tempo. É bom medir constantemente seu progresso e garantir que a abertura de um com o outro esteja indo na direção da revelação crescente.

Acredite nisso, minha amada filha — um homem fará praticamente qualquer coisa por uma mulher com quem ele possa aprender a compartilhar seu verdadeiro eu.

Com grandes esperanças de que haja conexão,
Papai.

O menininho e o homem-músculo

Minha querida Karen,

O conceito de "Papai, o forte protetor" e "Mamãe, a grudenta" é um tema muito caro ao melodrama. Mas na vida real é como a canção que assassina a gramática: "It ain't necessarily so!" (Não é bem assim que é!)

Você será sábia ao lembrar que o seu marido tem um menininho em algum lugar de sua constituição. Esta pode ser uma dessas coisas cuja origem você não consegue rastrear. Ou talvez consiga.

Certo dia, recebi uma frenética ligação de um pai desesperado. Ele anunciou com solenidade que eu precisava ver seu filho imediatamente. As coisas iam de mal a pior, eles precisavam de ajuda "neste exato momento, pelo amor de Deus!". Júnior estava "criando um inferno em casa, criando um inferno na escola, criando um inferno em todo lugar". (Eu estou citando o próprio pai, viu?)

Então esvaziamos a agenda e Júnior acabou sendo um dos maiores adolescentes de 14 anos a se sentar no escritório de um pastor.

O pai nos apresentou. Nenhuma reação! Depois, ele admoestou seu rapaz com grande vigor: "Diga a esse homem o que está incomodando você, filho!". Nenhuma reação.

Este monólogo de pai para pai continuou em mais uma tentativa e mais uma e mais uma e então surgiu a luz! Ela reluziu tempo suficiente para que eu percebesse o seguinte: Jamais saberia se este "monstro" poderia responder a algo a menos que nos livrássemos do pai.

Então com a voz mais ríspida possível eu disse: "Você pode, por favor, ir até a biblioteca por alguns minutos? Eu gostaria de conversar em particular com o seu filho."

Finalmente estávamos sozinhos.

Na verdade, para que o relato seja mais preciso, deveria dizer que eu estava sozinho!

Ainda que Júnior estivesse livre para abrir sua boca e liberar toda a sua emoção reprimida para "esse homem", ele não disse sequer uma palavra.

Inteiramente por uma casualidade comecei a manejar a bola de futebol de ouro na corrente do meu relógio. Eu faço isto com frequência quando estou contemplando a melhor jogada.

Então repentinamente as comportas da represa se abriram. Jamais compreendi tudo o que ele dissera naquele momento, mas depois de um considerável balbuciar, ele conseguiu se expressar distintamente com exceção do linguajar confuso.

—Eu odeio bolas de futebol. Nunca vou gostar de bolas de futebol. E *você pode, por favor, parar de brincar com essa horrível bola de futebol?*

Pulemos as longas séries de visitas e muitos meses e vamos ao último capítulo para dar uma olhada nas páginas "enigma".

Você adivinhou! O verdadeiro vilão era aquele pai extremamente autoritário.

Quando finalmente tivemos um avanço no lado adulto do problema, o pai confessou que fora um jogador de futebol frustrado em seus dias de Ensino Médio. (Você não deve culpar os técnicos. Para um bom trabalho em equipe todos *têm* que se juntar para ouvir os sinais.)

Assim, ele tinha uma vergonha interior de seu fracasso. Ele repetia como um disco riscado:

—Tenho tentado fazer dele um atleta desde os 3 anos. Você sabe, foi assim que muitas estrelas começaram. Mas ele só quer saber de ficar sentado dentro de casa e comer; nunca faz nada construtivo. Além do mais, ele precisa se exercitar. Você não concorda que o esporte é bom para os jovens? Conversei com o treinador e ele disse que esse meu filho aprenderia mais fácil caso se importasse o mínimo que fosse. Ele poderia conseguir uma bolsa de estudos na universidade estadual. Eles pagam grandes bônus na liga profissional, você sabe. "A gente precisa se lembrar de coisas como essas..." e assim por diante *ad nauseam* [N.E.: Expressão latina que significa argumentar até causar náuseas.].

Bem aqui o pai abre sua boca grande e expõe o problema real, não é? Júnior *não* se importava "o mínimo que fosse".

Contudo a história tem uma fase feliz em seu final. Júnior se importava com uma coisa e você ficará surpresa quando eu disser que estará atuando grandiosamente nesta sexta-feira à noite. Não no time de futebol; ele é um dos principais atores na principal peça da escola. Era *isto* que ele queria: teatro!

O que aconteceu com o vilão? Relato contente que depois de dois ou três psiquiatras, inúmeras contas médicas e alguns anos depois, o pai parece ter compreendido um fato: É custoso manter sua boca em alta velocidade o tempo todo.

Ele não está completamente curado e o médico alerta que talvez jamais esteja, mas ao menos ele mudou seu tom para algo que Júnior consegue conviver. Hoje, o pai proclama pelas ruas que...

"Há rumores de que os olheiros de Hollywood estarão nos arredores, nesta sexta. E, quem diria, você sabe por que eles vêm? Para ver o meu Júnior. Sabe né? Eles pagam muito bem aos atores..." etc., etc.

Tenho me alegrado ao ver pai e filho sentarem-se lado a lado na igreja nas últimas semanas. O psicoterapeuta atual do pai é de primeira! Durante anos, este triste pai não conseguia frequentar o culto com sua família. Ele conseguia cantar, ler as preces e coisas do tipo... mas um simples sermão que dura pelo menos 20 minutos e... Ora bolas! Você sabe onde quero chegar!

Júnior queria crescer do *seu* jeito e seu pai não o permitia. Este gigante de 14 anos não estava realmente criando um inferno. Mas você sabe quem estava!

Há muitas maneiras de criar pessoas, várias maneiras de criar argumentos e uma maneira certeira de criar um inferno: Pressionar alguém próximo a você para que faça as coisas do seu jeito, pelo amor de Deus!

Então, haverá momentos em que Vincent desejará voltar à sua infância e vivê-la novamente. Ele desejará brincar como se fosse um menininho.

Isto é, sobretudo, subconsciente. Talvez ele nem perceba que alguma parte dele fora forçada a abandonar a infância cedo demais. (Estou lendo uma famosa autoridade em psicologia que defende que todas as pessoas na Terra lutam em alguns momentos para voltar ao aconchego do útero onde a vida era livre de preocupação.)

Parte disto está além de minha compreensão, mas a parte que consigo entender faz sentido. Tenho certeza de que também fará sentido para você. Espero que sim, pois deve permitir que seu marido, de vez em quando, coloque a cabeça em seu colo e receba certo cuidado maternal.

Agora vamos falar de músculos. Nunca tive tempo suficiente com o médico responsável pelo pai de Júnior a fim de perguntar se a mãe do garoto sabe alguma coisa sobre ego masculino e como mitigá-lo.

De qualquer forma, não seria justo culpá-la. Ela pode ter dado o seu melhor e ainda assim não ter tocado nem mesmo à superfície. Mas você conseguirá, se ensinar a si mesma que algumas vezes seu menininho deseja entrar no estágio avançado do grande e corajoso homem. Nestes momentos, ele quer que você esteja maravilhada exclamando "Ó!" e "Ah!" enquanto contempla todos os pelos no peito dele. Ele terá predileção por ver você desmaiando em tributo a seus bíceps e tríceps.

Sempre que você sentir que ele está se preparando para sua atuação, corra depressa em busca de um caixote e coloque-o firmemente sob os pés dele. Sente-se diante dele com estrelas em seus belos olhos e dê a ele o tratamento: "O que eu faria sem você para me proteger?". Louve a Deus todas as vezes que isto acontecer e o encoraje a exercitar o Tarzan, que o convoca em seu interior.

Quando começamos, declaramos que este tipo de coisa é material para um excelente roteiro de melodrama. Porém, um pouco disto também cai bem no drama da vida real de amor entre uma esposa sábia e o homem sortudo casado com ela.

Chekhov alertou que suas peças seriam exasperantes para o público, a menos que eles compreendessem claramente o propósito do autor. Sua responsabilidade como autor de uma peça, ele disse, era apenas afirmar o problema. Suas plateias deveriam procurar as suas próprias soluções.

Infelizmente talvez cheguemos a certos pontos nestas cartas em que eu precisarei propor *adieu* (adeus) como Chekhov.

Este é um desses pontos. Posso dizer-lhe como as coisas funcionam com os homens. Posso dizer que você deve descobrir estes segredos. Mas, por não ser uma mulher, é só isso que posso lhe dizer.

Como chegamos a um beco sem saída, fechemos esta carta específica com uma bênção; a chamaremos de "Bênção para um homem afortunado".

Bem-aventurado é o homem que tem uma esposa que o admira pela força de seu braço, mas o mima de vez em quando como uma mãe consola seu filho.

Ao seu lado para alguns "Ó!" e "Ah!" acrescidos de instinto materno,

Papai.

O sexo é um sacramento

Minha querida Karen,

Naquela primeira noite em que ele assinar "Sr. e Sra." na recepção do hotel, você estará entrando em um relacionamento físico que nós esperamos que seja "de outro mundo" de diversas maneiras.

O sexo é um sacramento. O que acontecer corporalmente entre vocês nesta noite e nas que estão por vir é um dos preciosos presentes do próprio Deus aos que lhe pertencem.

Espero que vocês compreendam que esta parte da vida não será um dueto. É uma trindade. Vocês estarão de fato se relacionando com um Criador sábio que fez seus corpos diferentes entre si para o Seus propósitos.

Assim, iniciem sua vida sexual juntos com a premissa de que aqui vocês estarão compartilhando o amor de Deus. Isto é lindo. Isto é santo. Isto é sagrado.

Quando a relação alcança seu melhor ponto entre vocês, ela irrompe em enlevos celestiais que você nem sabia que estavam escondidos em seu interior.

Provavelmente será necessário atitudes de ambos os lados para que as coisas comecem em tal plataforma. Para começar, a sociedade não os ajudou. Vocês viram sexo barato nos filmes e leram sobre ele em livros. Ouviram-no ser vulgarizado em histórias de mau gosto, revisaram suas brutais manchetes nos jornais. O sexo tem sido exposto diante de vocês em anúncios de desodorantes e de salões de bailes, de macarrão e maquiagem, de refrigerantes, de loções de barbear, de pneus, de caminhões, de charutos, de cigarros e de cigarrilhas.

Agora, repentinamente, espera-se de vocês que elevem toda esta exposição subliminar ao alto nível a que pertence? A resposta é, obviamente, ainda a mesma canção, mas o seguinte verso: Exigirá tempo e exigirá esforço de sua parte.

Isso não acontecerá tudo de uma vez e é aqui que muitos casais cometem seu primeiro erro grave. Eles presumem que o casamento os levaria automaticamente até onde estão os abençoados. Isto simplesmente não acontece e você estará mais bem preparada se compreender que construir uma vida sexual santificada é um dos objetivos em direção ao qual o relacionamento de vocês se move. Algumas vezes, o ritmo será mais lento do que você gostaria, ocasionalmente dá um bom salto adiante, de vez em quando, alcança um platô; e então avança um pouco mais. Mas, seja qual for a cadência, exige de fato, tempo.

Outra razão pela qual você pode vir a ter dificuldade de tocar as estrelas imediatamente pode ter origem em qualquer consciência culpada que você leve à sua união. Pode ser um velho escorregão que você acreditava ter enterrado prudentemente. Estes fantasmas têm um modo de se levantar das sepulturas no momento mais impróprio e maliciosamente perguntar: "Lembra-se de mim?".

Ou pode ser que seus hábitos durante o namoro produziram uma ansiedade que você verá mantida quando deveria desaparecer. Durante seu tempo de noivado, vocês podem inclusive cair na prática da discussão como um modo de liberar a tensão sexual. Conheci alguns cônjuges que mantiveram o hábito do estardalhaço quando já não precisavam mais deste escape. Você deve ficar alerta a isto e se lembrar de que pode levar certo tempo para que as notícias oficiais do casamento cheguem até seu tribunal interior. Vocês podem se ajudar com estas coisas; na gentileza e na compreensão, com paciência e ternura, vocês fazem a cama e se deitam nela esperando coisas melhores nos dias vindouros.

Podem ainda existir outras razões para que, de repente, o sexo não seja tão sensacional. Algumas vezes há lamentáveis memórias da infância a serem superadas. Talvez algumas falsas impressões foram adquiridas em tenra idade e nunca foram esclarecidas. Mas a maioria de suas repressões neuróticas cederá gradualmente, desde que vocês: (a) sejam honestos um com o outro e (b) "amem uns aos outros com todas as forças e com um coração puro" (1 PEDRO 1:22 NTLH).

(Você está bem consciente de que há fontes de ajuda profissional para aqueles que chegam a um impasse após terem feito tudo o que podiam. Mas não ocupe sua bela cabeça com este tipo de coisa agora. Eu passei a estimar Vincent por muitas razões e uma delas é seu toque gentil inato onde há importância. Há relevância exatamente aqui, então seja grata pelo sexo e se entregue.)

Voltemos ao ponto em que começamos. O sexo é um sacramento. É comunhão do tipo mais elevado. Para vocês, é comunhão entre Vincent e Karen; é comunhão com a vida em em seu ponto máximo de vigor. Mas, acima de tudo, é comunhão com o Senhor que criou corpos humanos para outros propósitos além da reprodução da espécie.

O sexo é um profundo fluir dos ritmos do Universo. Une-se ao mesmo poder que faz a Terra girar em sua órbita, que transporta a seiva até o topo da árvore, que adorna as estrelas durante a noite, que um dia junta dois corações que fazem a leitura do significado da vida nos olhos um do outro. Nesta fase do casamento, você está de fato se sintonizando com os processos criativos que são muito mais grandiosos do que aquilo que qualquer homem possa ter feito por si só.

No primeiro capítulo da Bíblia há a bela história de nossa criação. Foi obviamente escrita por algum antigo sábio para nos dar as boas-novas de que não somos meros acidentes indo a algum lugar para existirmos.

Antes que este capítulo inicial do escrito mais sagrado sobre a vida termine, ele nos conta que o Criador, em Seu modo perfeitamente maravilhoso de fazer as coisas, incluiu esta maravilha das maravilhas: "homem e mulher os criou". Se você ler o capítulo novamente, perceberá esta majestosa observação no versículo final: *Viu Deus tudo quanto fizera, e eis que era muito bom.*

Sua mãe e eu podemos testemunhar em primeira mão sobre a verdade desta afirmação que inclui toda a Criação divina. Aconselhei outras combinações de marido e mulher, que calorosamente se uniriam a esta canção de louvor ao Senhor, que relembram com prazer tudo o que Ele tem feito.

Entre o melhor das boas coisas provenientes do Senhor, o sexo está no topo,

Papai.

Diferenças sexuais, homem e mulher

Minha querida Karen,

Dizem que não há duas pessoas iguais no mundo. A maioria de nós tem dois olhos, um nariz, um número específico de dentes, cinco dedos em cada mão e outras certas coisas em comum. Contudo a afirmação é verdadeira se você considerar todos os aspectos relacionados à formação da vida de cada indivíduo.

Isto se tornará progressivamente óbvio quando você perceber que não há duas pessoas que tenham sido criadas da mesma forma. Os ambientes diferem de tal forma que variações inevitáveis fazem parte do histórico, até mesmo nos casamentos mais compatíveis.

Da mesma forma, fatores hereditários o moldaram em um padrão e a formaram a partir de um molde relativamente diferente.

Então, em acréscimo a tudo isto, há outro ponto importante para seu projeto. Há algumas características distintas entre homens e mulheres simplesmente porque, antes de tudo, foi assim que fomos criados.

Por exemplo, o homem é propenso a ser objetivo e abstrato. A mulher é geralmente subjetiva e concreta. O mundo de criatividade do homem e o envolvimento ocupacional tendem a centralizar sua atenção fora do lar. Os afazeres mais importantes da mulher provavelmente serão focados mais na família.

Por isto ser verdade, é mais fácil para a maioria dos homens interpretar seu mundo de modo impessoal. Alguns de nós aprendemos, de maneira difícil, que as mulheres geralmente encaram as situações de modo mais pessoal do que os homens.

Esqueceram de nos ensinar isto na escola e o erro é deles. Aqueles de nós que trabalham de perto com ambos os sexos em pouco tempo descobrem que é possível nivelar com a maioria dos homens e eles reagem do mesmo modo e, depois, vocês saem juntos para um café como melhores amigos. Mas lidar com mulheres exige todo um conjunto diferente de engrenagens. Muitos principiantes (eu falo por experiência) já removeram peças importantes do maquinário antes de perceberem a diferença.

Um casamento feliz depende em parte de fazer concessões a estas variações essenciais. Você pode inclusive aprender a valorizar tais coisas e deixar que complementem um ao outro em sua união.

Isto também poupará o derramar de muitas lágrimas quando ele não compartilhar de imediato o seu entusiasmo pelas cortinas novas ou não se encher de alegria como você, quando o primeiro dente do bebê nascer. Também será bom se você lembrar estas divergências inatas quando ele trouxer para casa alguma preocupação do escritório e se sentar com um olhar distante. Você pode levar para o lado pessoal algo que não é, nem remotamente, relacionado com o que você está pensando. O que você interpreta como desprezo da parte dele pode ser apenas uma reflexo dele como homem e você como mulher.

Agora vamos associar isto à sua vida sexual.

Para muitos casais, o sexo começa com desilusão geral, avança para tornar-se recorrentemente tumultuado e finalmente muito insípido. Alguns destes casamentos atabalhoados seguem esse caminho porque o marido e a esposa nunca enfrentaram esta verdade: há algumas diferenças biológicas naturais entre homem e mulher.

Quais são elas?

Vamos examinar algumas realmente importantes.

1. O sexo provavelmente tem significados mais profundos para a esposa do que para seu marido.
De início, isto pode surpreendê-la.

Muitas esposas em aconselhamento disseram coisas como: "Parece que sexo é tudo em que meu marido pensa. Ele interpreta cada movimento que faço como um passo para o sexo. *Todos* os homens deciframm *toda* a vida através de símbolos sexuais o tempo *todo*?"

Quando você examina cuidadosamente este tipo de coisa, observa um fato importante. A aparente obsessão masculina com o sexo não prova que tem maior significado para o homem do que para a mulher. Pelo contrário, pode significar o oposto. O impulso sexual masculino está mais na superfície, é algo físico. O feminino tende a ser muito mais profundo, uma questão de espírito e alma. O homem é mais facilmente excitado; o despertar da mulher, no entanto, vem do mais profundo do seu interior.

Uma meiga esposa me disse algo que gostaria de compartilhar com você. Ela, também, havia ficado impressionada com o apetite sexual, aparentemente insaciável, de seu marido. Infelizmente ficou também óbvio que em suas abordagens, ele era um grosseiro atrapalhado.

Nós discutimos este tema da diferença entre os sexos e ela, então, disse melancolicamente:

—Sempre pensei que o sexo começava no café da manhã. Algumas poucas palavras ternas para começar as coisas teriam muito significado. Então, talvez uma ligação durante o dia. Algumas trocas de afeto ao chegar a casa e talvez uma ajuda com a louça do jantar. Falar sobre certas coisas depois que as crianças vão dormir, trocar ideias, discutir o que fizemos durante o dia. Um toque amoroso aqui e alguns beijos no momento certo. Acho que tenho a concepção errada. Eu pensava que talvez o sexo pudesse começar no café da manhã, ser desenvolvido durante o dia e então explodir na cama à noite!

O fato é que ela está 100% correta em sua análise sobre como deveria ser. Ela não poderia ter colocado de forma melhor. É assim que deveria ser para a maioria das mulheres! E o homem que aprende esta habilidade e procura se tornar um artista tangendo as cordas do coração de sua esposa é sábio.

Desejo um virtuoso como este para você. Estes homens são raros e — lá vem aquela bateria novamente — nem sempre vêm prontos desta forma.

O que leva à segunda diferença biológica que você deve reconhecer.

2. A maioria dos homens precisa de sexo com mais frequência do que a maioria das mulheres.
Nenhuma regra se aplica a todos os casamentos. A frequência das relações sexuais é algo que cada casal deve resolver por si. Alguns casais podem se alegrar com relações uma vez por semana. Outros considerariam isto uma troca sexual muito pequena para seus

apetites vorazes. Há certos casamentos em que o sexo é uma bela parte da experiência diária. Visto que cada ser humano é diferente, cada combinação de seres humanos variará. É também provável que até mesmo os casais mais profundamente conectados diferirão de tempos em tempos e talvez de períodos em períodos. Por esta razão, aplicar o mesmo padrão para todos os casamentos seria completa tolice.

É bom que você se lembre sempre de que qualidade é mais importante do que quantidade em praticamente tudo o que você puder mencionar. Mas com base nos casamentos que vi em aconselhamento, é aparente que a *frequência* geralmente importa mais para o homem e o *como fazer* é mais importante para a mulher.

No entanto, independentemente da frequência, o principal é abordar o sexo com alegria. Descanse nesse fato. A maioria das mulheres que se queixa que o sexo as esgota descobrirão que o cansaço está em suas mentes. É claro, há variações em todas as regras e algumas vezes os problemas físicos devem ser examinados. Há até mesmo exceções ao fato de que a maioria dos homens gosta de pensar em si como atletas sexuais. Algumas mulheres se queixam que seus maridos nunca estão interessados. Não é assim que deveria e, se isso se torna um problema, deve ser avaliado por especialistas.

Pode também haver dias em que até o homem mais vigoroso esteja tão desprovido de energia por seus problemas reais ou imaginários que fica desprovido de desejo sexual. Não fique histérica e nem leve para o lado pessoal se isto acontecer de vez em quando. Você aprenderá a lê-lo bem e será sábia o suficiente para graciosamente abrir mão por causa dele. Talvez, ele esteja exausto e será bom se você aquietar o seu interesse. No casamento, é melhor mensurar emoções em contraste com o contexto maior do tempo, esforço e cuidado terno e amável.

Porém, não haverá exceção a esta regra:

Você será uma esposa prudente se olhar para o sexo, em parte, como sua oportunidade de ser uma bênção para o seu marido. As mulheres meigas se preparam para receber uma grande medida de satisfação apenas por satisfazer seus maridos.

Em minha experiência com aconselhamento, não é verdade que cada um dos dois *precisa* dos mesmos resultados todas as vezes. Li alguns autores que afirmam que um homem deve ser capaz de levar sua esposa ao clímax em todas as ocasiões em que fazem amor. Em meu julgamento, há apenas uma coisa errada com esta suposição: simplesmente não é assim.

Algumas mulheres me dizem que amam ministrar às necessidades emocionais de seus maridos mesmo quando não se importam com o auge físico para si mesmas.

Suspeito haver muitos casamentos que poderiam ser consideravelmente aperfeiçoados se ambas as partes compreendessem e aceitassem isto adequadamente. Alguns homens foram falsamente informados de que são fracassados se não levarem suas esposas ao êxtase todas as vezes em que eles mesmos atingem este ponto. Isto pode não passar de egoísmo da parte do homem que erra ao estabelecer objetivos que simplesmente suprem algumas necessidades neuróticas que ele tenha. A frequência com que o marido satisfaz a *esposa* deveria ser escolha dela e não dele. É preciso que o jovem marido seja sábio para compreender que sua esposa não deve ser tratada como a criatura apaixonada com que ele sonhava em fantasias adolescentes ou sobre a qual leu em livros baratos sobre sexo ou que ouviu ser descrita com palavras impactantes por um amador no banheiro da escola.

Ela precisa ser tratada como a mulher que ela é! Você pode ajudá-lo a compreender isto se conseguir convencê-lo de que parte do tempo a sua única necessidade é que ele esteja satisfeito.

Em outras palavras: você pode entusiasmar-se mentalmente para a intimidade mesmo quando o seu corpo não está motivado da mesma forma como o dele.

Mas isto não deve permanecer para sempre. Há momentos em que um marido estará mais feliz se o desejo de sua esposa corresponder ao dele. Como já dissemos, geralmente é verdade que o homem é centro inicial da paixão. Então em alguns momentos a mulher deve se tornar essa fonte de paixão nas ocasiões de sua própria escolha. Em outros momentos, ambos se tornam o centro da paixão juntos.

Ser o centro da paixão é um ato delicado e você deve amar, praticar e ter o cuidado necessário para que isso se torne natural e bom para ambos.

Alguns parágrafos atrás abordamos uma questão que vale a pena ser analisada mais uma vez. Vocês serão sábios se discutirem juntos o que lhes foi ensinado sobre sexo na adolescência. Infelizmente, muitos pais ainda hoje não apresentaram este lado da vida aos filhos de maneira saudável. Alguns meninos captaram tudo o que sabem sobre sexo em lugares sombrios de outras mentes. Algumas meninas cresceram em um vácuo nesta área. Outras obtiveram seus conceitos por osmose de uma mãe cujo conceito de mulheres e sexo era: "Este é nosso fado, nosso martírio!". Será vantajoso para vocês dois saberem mais sobre suas próprias concepções mentais relacionadas a este assunto. Antes de tudo, garotinhas assustadas e garotos obcecados em sexo não nascem assim. Todos nós somos, em parte, aquilo que ajuntamos no caminho e esta é outra razão porque a doçura tem grande demanda durante as etapas iniciais do amor nupcial. É também mais uma prova visível de que o sexo como um sacramento é o conceito básico correto.

Há algo mais a ser lembrado sobre maridos e esposas sábios cujo ímpeto sexual parece ser insaciável. As moças espertas não restringem seus maridos, não prescrevem tempo, lugar, frequência, circunstâncias nem modo. Em minha próxima carta, direi mais a você sobre estas coisas, mas aqui vamos dar uma olhada nisto.

Conheci dúzias de homens que saíram de casa em busca de diversão sexual e muitos deles eram parceiros de mulheres que sempre ditavam os termos!

Há outro golpe de morte para a felicidade sexual do qual você deveria se guardar com cuidado. Este golpe é dado sempre que uma mulher pensa no sexo como um prêmio a ser adquirido pelo homem quando ele tiver se comportado especialmente bem. Sempre que ela usar o sexo como um suborno, ela colaborará grandemente com as mulheres que procuram relacionamentos casuais.

A verdade é que "sexo comprado" e "sexo *conseguido* por fora" jamais são completamente satisfatórios. Não poderiam ser. Se o sexo é santo e precisa da compaixão e da consideração verdadeira para torná-lo completo, então você perceberá isto imediatamente: substituições não são de fato preferíveis para a maioria dos homens. Porém, muitos, de fato, aceitam "segundas opções". Algumas, vezes é a mulher que eles amariam amar plenamente que os leva à sua revolta.

É algo muito, muito importante, não é? Espero que você não esteja se entediando do assunto que o casamento, em seu auge, é uma tarefa vitalícia em que duas pessoas dão o seu melhor.

A parceria madura é uma conquista artística que não vem como uma fileira de sorte, completa com os feijões, em uma cartela de bingo. O sexo pode ser um dos instintos da natureza, mas não é "natural" no mesmo sentido que o casual, altamente autocentrado e, algumas vezes, violento, dos animais inferiores.

Mas os homens são como animais neste sentido, eles ficam prontos muito mais rápido com um pequeno estímulo do que seu oposto na espécie. A maioria dos jovens rapazes chega ao casamento com grande reserva de frustração que se acumulou ao longo de seus anos de crescimento. Por esta razão, entre outras, é importante que vocês não tenham filhos muito cedo. Se tempo suficiente decorrer antes que a preciosa terceira parte entre em cena, Vincent será um marido melhor em longo prazo. Não apenas é essencial que vocês aprendam a ajustar-se um ao outro antes que ambos precisem se adaptar a uma terceira pessoa — mas é bom para ambos se conseguirem se livrar por completo daquilo que acumularam antes da oficialização.

Se um bebê vier muito rápido, é claro que vocês amarão a pequena fofura e farão o seu melhor com as circunstâncias presentes. Mas a criança terá pais melhores se tiverem investido tempo considerável, conhecendo-se e derramando seu amor um pelo outro sem competição nos primeiros anos.

Você sempre amou crianças e será uma perfeita mãe, do seu próprio jeito. Mas, ouça o que lhe digo, o seu marido precisa de sexo e muito sexo, mesmo quando isso for a última coisa que passar pela sua cabeça. Convença-o, se puder, de que você o ama tanto que se delicia em compartilhar seus encantos com ele simplesmente porque ele está no clima para mais.

Aqui vai outra bem-aventurança para você; vamos chamá-la de "Bênção para um casamento sempre caloroso": *Bem-aventurada é a mulher que pode celebrar a virilidade de seu marido com a verdadeira generosidade que frequentemente não busca tanto o ser amada quanto o amar.*

Com gratidão,
Papai.

A santa e pequena doce pecadora

Minha querida Karen,

Logo no começo de nosso casamento um sábio clérigo amigo de sua mãe deu a ela o que ele chamava de sua "descrição da esposa ideal". Em uma primeira leitura pode parecer levemente inapropriada, mas quando você a revolve em sua mente algumas vezes, passa a ver que se trata mais de bom senso do que indecência.

A parceira perfeita para qualquer homem, ele disse, é:

—*Um anjo em casa e um demônio na cama!*

A maioria dos homens tem uma esperança inata de que sua esposa será uma combinação daquela antiga frase: "A santa e pequena doce pecadora"!

Mas as esposas que eu conheço que poderiam enquadrar-se em tais elogios são a minoria. Com frequência, durante os aconselhamentos vejo o oposto delas. Algumas anunciam com orgulho: "Eu jamais o recusei!". Elas me fazem lembrar dos heróis esperançosos aguardando na fila para receber o Coração Púrpuro.

Essa pode ser a pior coisa que você venha a dizer sobre o seu casamento. Qualquer homem fica exausto se precisa sempre dar o primeiro passo. Talvez você se una às multidões que repetem: "Mas o meu marido nunca se cansa!". A verdade, no entanto, é que sua constante busca pode ser o próprio resultado do cansaço que ele sente.

Então, comecemos com isto: darei a você alguns indicadores sobre como tornar-se a "santa pecadora" que poderá manter seu marido sendo o tipo de homem que espera que ele seja.

1. Seja sexualmente ativa em certos momentos.
Você se lembra de quando brincávamos de esconde-esconde? Era muito divertido para todos. Mas para brincar da forma certa, precisávamos alternar entre quem se escondia e quem procurava.

O mesmo vale para o sexo e há algumas razões profundas por trás disto.

Nunca esqueça que Vincent quer ser desejado. O fato de que sexo é uma questão mais superficial para homens não elimina por completo o desejo masculino por profundidade. Você pode ter certeza disto: seu marido almeja acreditar que ele é maravilhoso o suficiente para que você, em certos momentos, anseie pela sua companhia sexual.

Significa tudo para um homem ter um lar onde ele sabe que tem valor inestimável como homem. O mundo pode diminuí-lo, mas ele será restaurado quando estiver dentro de suas próprias paredes. Ele pode ser ferido profundamente lá fora no mercado de trabalho, mas em casa há um bálsamo para ele. Seu marido pode suportar muito mais dos perigos e confusões de um mundo feroz se você o convenceu de que há um refúgio emocional esperando por ele, onde ele é vitalmente importante.

Você observará os altos e baixos dele e aprenderá a ler muito bem a condição de sua alma. Quanto mais ele se sentir frustrado em seus planos — no dia em que foi tratado duramente por seus superiores, quando o grande contrato não foi assinado ou se de alguma forma você sentir que ele foi humilhado — esta é a hora para dar um passo indicando que todo o seu corpo e alma apreciariam a intimidade com ele. O sexo é um meio instituído por Deus para garantir a seu parceiro que ele é a pessoa mais importante no mundo aqui e agora.

Na verdade, ainda que as coisas estejam indo muito bem, em todo coração há um pouco de solidão, de homem ou mulher. Suspeito que muito da fraqueza moral de nossos dias não se trata simplesmente da imoralidade por si só. Certo grau desta fraqueza é um clamor da alma humana por pertencer. Por meio do sexo, quando é correto, saímos de nossa ilha existencial para nos tornarmos parte do continente.

Glândulas precisam de uma liberação e o sexo é uma liberação biológica de alto valor para o homem que precisa desta limpeza. Mas é muito mais do que isso; é propulsor da confiança, um consolo para o orgulho ferido, um impulso psicológico positivo quando sua alma clama por encorajamento.

O elemento-surpresa é também um traço valioso para a maioria dos homens. Certa noite no caminho de volta para casa, um dia num piquenique somente para vocês dois, na praia, no bosque — qualquer lugar sob o Sol ou sob a Lua e as estrelas onde vocês estejam seguros juntos — estes são momentos que os homens valorizam para sempre. Esta é uma verdade sobre a qual se deve construir. Ele a amará mais com a alma se você o arrebatar, de vez em quando, em momentos em que ele não esperaria que você precisasse do corpo dele.

Aprenda a interpretá-lo bem e seja você quem o procura algumas vezes. Porque a maioria dos homens pensa em sexo mais do que as mulheres, uma quantidade adequada de atitude em você acrescentará tempero à expectativa dele.

2. Não tenha medo de experimentar e de variar.
Não há necessidade que eu lhe escreva um manual sobre procedimentos sexuais. Você participou de cursos sobre casamento e há excelentes livros sobre este tema para aqueles que precisam deles.

O assunto principal que quero mencionar é que o sexo deve ser divertido. Não deve ser mortalmente sério o tempo todo.

Se vocês desejam descobrir as alegrias mais plenas, devem chegar a este relacionamento do modo mais desinibido que puderem; devem dar um ao outro liberdade para amar de qualquer forma que seja mais natural para ambos.

Algumas esposas nunca ouviram que o incomum pode acontecer e quando ocorre, deve ser examinado por ambos os parceiros do modo mais natural possível. Muitas mulheres simplesmente não têm conhecimento de que há inúmeras posições e variações interessantes.

Então vale a pena lembrar: *Não há nada errado com qualquer coisa que você possa desejar fazer em sua vida sexual, considerando que seja agradável para ambos e não seja prejudicial para nenhum dos dois.*

Meu coração é solidário às esposas aterrorizadas que vêm ao aconselhamento por algumas sugestões "terríveis" que seus maridos repentinamente apresentam. Elas contam suas histórias com hesitação e a palavra "pervertido" é geralmente incluída em seu relato. Talvez em algum ponto de sua adolescência você tenha adquirido ideias de perversão que permaneceram com você. Quando se refere ao casamento, este termo significa que um dos cônjuges força o outro, o que resulta no sofrimento psicológico do outro.

Você deve convencer-se de que nada é pervertido nem feio ou impuro entre você e Vincent se for uma nova intimidade compartilhada, como fruto de desejo mútuo, por algo inusitado e um anseio mais pleno um pelo outro.

Alguns casais serão sábios o suficiente para saber que certos desenvolvimentos incomuns podem nascer de necessidades neuróticas que jamais foram satisfeitas. Nós discutimos o fato de que muitos homens carregam consigo até a idade adulta os anseios do garoto que deseja estar inteiramente relacionado com a mãe.

A minha experiência em aconselhamento é que os homens que tiveram uma conexão fraca entre mãe e filho podem ser particularmente fascinados pelo sexo experimental. Se o amor da mãe foi um "amor sufocante" ou houve alguma tentativa de dominação, se ele ainda se apega emocionalmente a ela de modo anormal ou se sentiu uma negligência maternal e nunca realmente sentiu-se à vontade neste aspecto, então pode haver todo tipo de ideias incomuns nele que precisam ser trabalhadas. (Mais uma vez, você precisa entender que há exceções a todas as regras nestes profundos labirintos interiores.) Mas você pode ajudá-lo a compreender-se melhor ao conversarem juntos, pela ternura na busca interior e com uma vida sexual que seja completa em todas as formas para vocês dois.

Lembre-se desta regra: Aquilo que aumentar o prazer da intimidade sexual é correto se for desejado mutuamente e se levar à completa satisfação sexual, sem danos.

Você pode ter certeza de que não estará inventando algo para o mundo. Tudo o que é imaginável aqui foi testado e experimentado. Mas se vocês mantiverem a mente aberta e o coração contente, descobrirão algumas maravilhosas emoções por vocês mesmos.

3. Mantenha seu corpo tão atraente quanto Deus planejou que fosse.
Certa tarde, às cinco horas, eu estava tendo uma conversa séria com uma mulher da igreja, quando ela repentinamente se levantou, virou-se em direção à porta e disse:

—Agora, se o senhor me der licença Dr. Shedd, John chega a casa em 30 minutos e eu sempre gasto essa meia hora anterior à sua chegada me preparando para ele.

Ela fez isto muito naturalmente; e quando percebeu que havia me pedido para sair, ficou corada e muito envergonhada.

Mas eu não! Alegro-me, interiormente, por mulheres como esta. Felicitei-a imensamente sem reservas e enquanto caminhava até o carro me peguei cantarolando: "Ah! [...] Doce mistério da vida". Ao me dirigir, sem desvios, para casa, pensei em como o mundo seria melhor se todas as mulheres gastassem os mesmos 30 minutos da mesma forma. Eu deveria também acrescentar que esta mulher em particular tem cinco filhos de idades diferentes e todos na escola. Não me pergunte como ela os organizou para este ritual! Não sou mulher, então não sei. Contudo, sei o seguinte: seu marido é muito apaixonado por ela.

Algumas mulheres se tornam desleixadas no minuto em que o anel é colocado em seu dedo. Elas passam a usar roupas que seriam mais adequadas em um encontro de trabalho comunitário. Simplesmente não há desculpa para algumas coisas que vejo em mulheres; encontrei donas de casa durante o dia vestindo combinações de cores que me lembram da clássica observação de nosso amigo Harrison McGill. Quando ele via aquele tapete completamente horrível que alguma alma "generosa" havia doado à sala do coral, ele dizia maravilhado: "Com certeza, não existe uma cor como essa, certo?".

Vincent pode dizer que a amará independentemente de sua aparência. Ele pode parecer não se importar se você engorda ou fica fora de forma. Mas, novamente: houve um daqueles primeiros encontros em que alguém não o viu entrando de braços dados com você no baile da escola e um sujeito curioso bateu no ombro dele e, apontando para você, perguntou a Vincent: "Quem é esta nova gracinha toda arrumada?". O seu marido nunca se esquecerá daquela noite.

Você é uma menina linda e não há razão alguma para que não o mantenha orgulhoso da aparência de sua esposa por muito tempo. E se você se lembrar dos votos de casamento, ele promete amá-la "na saúde e na doença, na riqueza e na pobreza", mas não há menção de amar "durante as variações na balança".

É claro, é mais difícil depois que os bebês chegam. Mas você estará lutando contra a competição mais difícil do mercado nestes dias; ela está em todos os lugares. Não se esqueça de que estas sereias têm de fato um poder que é algo a ser considerado. Pelo que vi, o melhor modo de lidar com isto é fazer esta competição parecer pálida e opaca se comparada ao que o espera de braços abertos em seu próprio endereço. Não há estrada que leve a qualquer outra mulher e que seja tão atraente para um marido saudável como a estrada para sua casa até sua esposa se ele puder compartilhar com ela, seja silenciosa ou abertamente, seus sentimentos mais íntimos, tanto os bons como os tristes.

Se você estiver fazendo sua lição de casa corretamente, não precisará se preocupar quando vocês saírem juntos e ele virar a cabeça para avaliar algum conjunto de moléculas que passe por ele com poder de sedução. Você terá feito algo bom ao conseguir que ele compartilhe com você o que gosta e o que não gosta em outras mulheres.

O fato de vocês serem casados não significa que serão agora cegos para as características atraentes de outros. Pode inclusive haver momentos passageiros durante o próprio ato sexual quando almas que se amam profundamente afastam-se levemente. Feliz é o casamento em que cada parceiro pode se livrar de pensamentos desnecessários.

Zele também para se vestir com as peças mais amáveis que você puder comprar ao se preparar para seus momentos íntimos juntos. Acho que contei a você sobre meu velho e bom pastor-assistente que me via mais como um filho do que colega de trabalho. Ele nunca teve um filho e amava ser "meu pai". Sendo assim, ele me aconselhava em quase tudo e esta é outra pérola que sua mãe e eu valorizamos:

—Filho, ele disse, —você precisa poupar dinheiro em algum lugar, mas há dois lugares onde você jamais deveria cortar gastos; nunca tente economizar em comida e em lingerie para sua esposa!

Este é um conselho sábio de um cristão "apimentado" que tinha 50 anos bem-sucedidos de amor para apoiar sua declaração. Entre as memórias mais preciosas de seu marido, quando ele estiver com você, estarão estas recordações de beleza compartilhadas de seus momentos juntos.

As fêmeas de nossa espécie foram criadas com poderes de sedução que têm sido corrompidos, ao longo dos anos, por pecadores e difamados por moralistas. Mas é de se supor que o mundo ainda não esteja pronto para esta verdade — talvez as mulheres foram criadas desta forma, pois é assim que são necessárias no momento certo, no lugar certo.

A história deixa claro que todas as civilizações que perderam o respeito pela fidelidade marital foram relegadas à pilha de dejetos inúteis para a construção eterna.

A melhor proteção que conheço contra o sexo informal é uma esposa que conhece as glórias da condição feminina e usa seu charme natural ao máximo.

Com altas esperanças de um enlevo celestial,
Papai.

Esses grandes e belos dólares

Minha querida Karen,

Durante o tempo em que, casados, morávamos no seminário, sua mãe e eu frequentemente íamos ao mercado direto ao setor de alimentos. Havia um lugar onde eles empilhavam latas de comida até o teto. Era como estar diante de uma montanha de lata. Havia latas grandes e pequenas, de todos os tamanhos, formatos e condições.

Havia, contudo, uma diferença específica entre aquelas latas e as que você vê nas prateleiras da sua dispensa. *Elas não tinham rótulos.* Por causa desta pequena falha, estavam em liquidação por três centavos de dólar cada uma. Os embaladores as haviam separado como "danificadas", o que significava qualquer coisa entre um grande amassado ou um pequeno detalhe que só poderia ser percebido pelos olhos do inspetor.

O homem que gerenciava o armazém garantia isto: Em cada lata havia um tipo de comida. Ele também afirmava que nada estava estragado, e dizia: "Por três centavos o que tem a perder? Você paga esse valor e arrisca".

Sabe como diferenciar entre pêssegos e ameixas apenas sacudindo uma lata? Você consegue distinguir, de ouvido, a cenoura do milho? Bem, sua mãe e eu quase nos tornamos *experts* como sacudidores de produtos enlatados.

É claro que ninguém é perfeito, então algumas vezes levávamos molho chili como sobremesa, pois o som nos parecia de um coquetel de frutas! Graças a Deus, tínhamos um pequeno refrigerador e tampas plásticas; então aproveitávamos, ríamos e comíamos. Na verdade, era uma grande diversão e esperávamos com grande expectativa a nossa ida quase mensal até as colinas de lata.

Por três dólares do salário, podíamos comprar 100 latas para nossa nutrição; e o homem estava certo: Era tudo saboroso e de qualidade! Certamente houve momentos em que nosso desejo era estar livres daquela vida de centavinhos e comprar em lojas com pessoas "bacanas". Mas agora ao olharmos para trás, colocamos esses dias na lista de nossas memórias mais felizes.

A Bíblia diz: "Bom é para o homem suportar o jugo na sua mocidade". Também é bom para a mulher. E é praticamente o melhor para um homem e uma mulher juntos se forem confrontados com a necessidade de viver grandemente no amor, nos primeiros anos.

Mais importante do que o tipo de casa em que vivem, é que tipo de pessoas estão vivendo nesta casa!

O preço do sofá importa menos do que aquilo que vocês compartilham ali, em conversas, sonhos e amor!

Sua maior necessidade agora não é um novo fogão, nem novos potes e panelas, mas novos fogos para refiná-los, aquecê-los e fazer seus corações se acenderem. Ainda que seja difícil acreditar, vocês são, de fato, afortunados por terem um orçamento limitado.

Falando em orçamentos, uma de minhas citações favoritas é de um oráculo desconhecido: "Um orçamento, aplicado rigorosamente, é como ceroulas: se você precisar é melhor tê-las. Se não tiver, vai se arrepiar!".

Você provavelmente descobrirá que o homem está certo; sem dúvida, considerará essencial ter um orçamento e haverá momentos em que não se encaixará. Porém, aqui estão alguns segredos para orçar dinheiro que consideramos inestimáveis.

Comecemos do início. Em nossa casa, como você sabe, vivemos com esse lema sobre o dinheiro:

Dê dez por cento, economize dez por cento e
Gaste o resto com ações de graças e louvor!

Jamais nos lamentamos do dia em que tomamos esta decisão. Alguns preceitos, adotados cedo, fazem grande diferença nos anos que virão.

O comprometimento de dar 10% não é algo para corações fracos. Quando o seu primeiro pagamento chegar, vocês se sentarão, calcularão as contas e ficarão tentados a juntarem-se à brigada de "nosso problema é diferente dos problemas dos demais".

Vocês podem racionalizar: "Quando recebermos mais, *daí* daremos mais!" Contudo, não darão. Esta é uma daquelas coisas que ou você faz ou não faz.

A vida é de vocês, mas você me pediu para direcioná-la ao céu aqui na Terra e, em termos financeiros, este é o "Portão Um" para algumas descobertas maravilhosas.

Muitas pessoas que vejo hoje estão desesperadamente amedrontadas. Algumas destas almas estremecidas são aterrorizadas por muitas coisas, mas uma de suas maiores ansiedades é que o bem desaparecerá antes que tenham seu quinhão.

É verdade que algumas delas estão se apegando a memórias assustadoras de seus "ontens". Devemos perdoar suas neuroses. Porém, muitos casais seriam ricamente abençoados por uma nova filosofia de ofertar. Eles precisam saber que não é suficiente possuir "bens". Estas coisas são passageiras, mas o segredo da "qualidade de vida" não está no possuir mais coisas.

A decisão de doar esses 10% primeiro pode também ser o seu fator de segurança quando o dia de sua prosperidade vier. Você não conseguirá conceber agora, mas chegará o tempo em que suas pressões financeiras começarão a abrandar. Conforme isto acontece, algumas pessoas começam a fazer suas próprias regras. Mas se vocês adotaram certos princípios básicos em seus anos de racionamento, descobrirão que eles funcionam como garantia quando os frutos do seu trabalho começarem a amadurecer.

Então, este é o princípio número um: Dê 10% e dê em primeiro lugar!

Economizar os outros 10% também exigirá disciplina severa. No entanto, há muitas razões que fazem esta economia valer a pena.

Por exemplo, pode impedir alguns dos erros tolos do gasto em excesso que consideraremos em nossa próxima carta.

Um programa de economia, que seja de acordo mútuo, também dará a vocês a sólida satisfação de saber que estão assegurando-se para o futuro. Os dias tempestuosos não os encontrarão despreparados, nem a educação de seu filho, nem aquela viagem que precisam para ampliar seus horizontes, nem mesmo o casamento de sua adorável filha.

Agir conforme um princípio definitivo pode também libertar sua mente para se concentrar mais claramente a fim de ter um melhor desempenho em seu trabalho. O tempo que desperdiçaria em preocupação pode agora ser dedicado a mais eficiência que garantirá um fundamento ainda mais substancial ao seu futuro.

Outro mérito que vem de economizar uma porcentagem estabelecida é que pode protegê-los dos perigos da economia em excesso. Vemos também estas pobres almas na sala de aconselhamento. Elas são vítimas do complexo de pobreza que as compele a apertar demais os seus gastos.

Estas pessoas presumem que quando tiverem mais, serão liberadas para desfrutar do que acumularam. Mas provavelmente não o farão. Algumas vezes, pode-se ler em seus olhos que a verdadeira alegria não é encontrada em ações, títulos e abastadas contas bancárias. Elas não se entristecem por suas perdas; o que têm é uma melancolia financeira que só aumenta conforme seus ganhos crescem.

É uma lamentável verdade a de que *possuir* mais, certas vezes, nos leva a *sermos possuído*!

Vamos concluir isto com uma observação sobre um ditado conhecido que geralmente é citado incorretamente: "O dinheiro é a raiz de todo o mal!" Mas o original não diz isto e sim: "O *amor ao dinheiro*" é a origem de todos os erros.

Então, de vez em quando, não se concentre tanto nas *entradas* e confira se suas *saídas* estão em ordem. O fato é que o que sai de seu bolso tem influência direta no que entra. Esta é uma lei da vida.

Em Sua criação original, o Pai Celestial incluiu alguns destes infalíveis princípios. Por Seu amor, Ele proveu as necessidades de todos os Seus filhos e construiu Seu universo para suprir estas necessidades. Quando você observa estas regras e vive de acordo com elas, o Senhor pode exigir que as fontes mais remotas venham ao encontro de todas as suas necessidades.

Espero que você aprenda cedo esta verdade: Se mantiver a sua parte da aliança, você jamais, de forma alguma, poderá ser mais generosa do que Deus!

Continue olhando para o alto,
Papai.

Ambicione os seus próprios desejos

Minha querida Karen,

"Valorize bastante aquilo que você tem e valorize pouco o que ainda não pode ter!".

Esta pequena joia veio da vovó Davidson. Eu a chamava de "a sábia de Sugar Creek", a primeira comunidade que pastoreei, enquanto estava no seminário. Entre filhos e netos, vovó tinha 27. Era algo peculiar sentar-se com todos no jantar de domingo à noite à sua mesa que começava na sala de jantar e se estendia até a última parede de sua sala de estar.

Nessa época, sua mãe e eu éramos noivos, então eu estava de antenas em pé procurando diretrizes. Enquanto destroçávamos uma montanha de frango frito e pedíamos para repetir a porção de seu sorvete caseiro, meus alarmes interiores recebiam o sinal.

Estes casais felizes tinham o que queríamos. Eles entendiam-se muito bem e tinham paz com seu mundo.

Eu geralmente ficava na casa da vovó em minhas visitas de fim de semana. Então certo dia, pedi-lhe que me ensinasse o que havia ensinado a seus "pequenos", como ela os chamava. Como ela sabia que este seu amigo pastor estava prestes a "ser amarrado" (citando-a novamente), ela fez o que sua Bíblia dizia: falou "com sabedoria".

De suas inúmeras sugestões, passo a você aqui este curto item que a ouvi dizer diversas vezes:

—Valorize bastante aquilo que você tem e pouco o que ainda não pode ter!

Estava claro que as uniões sólidas de seus filhos e filhas não foram acidentes. Eles haviam levado as palavras de vovó a sério e uma das características do amor entre eles era uma qualidade rara que muitos casais deixam de ter: haviam aprendido a desfrutar seus prazeres e a negar suas privações.

Aqui estão dois fatos que podem se aplicar a "amar esse homem", enquanto dedicamos um pouco de tempo diante desta pérola da coleção da vovó Davidson. Um destes é específico para ouvidos femininos. O outro pode ser algo que você e Vincent utilizarão juntos.

1. *Elogie a seu marido e glorifique a Deus com sonoros "Obrigadas", "Muito bom" e "Uau!".*
Em nossas cartas, já batemos nesta tecla. Sempre que eu aparentemente estiver levando-a, mais uma vez, a um caminho bem percorrido, pode ter certeza de que é por uma única razão. Vi isto com tanta frequência que cabe a repetição. Em meu trabalho como conselheiro, deparei-me com muitas mulheres que acreditam poder "levar" seus maridos ao sucesso com comandos rígidos e insinuações sutis.

Nós dois sabemos que alguns homens são retardatários e sua preguiça tem um efeito adverso em toda a família. Mas isso não faz parte de nossa consideração aqui. Antes disso, estou pensando na multidão de sinceros trabalhadores que estão dando o seu melhor e ainda não conseguem satisfazer aquela exigente mulher em casa.

Aqui estão algumas afirmações de tais maridos problemáticos para ilustrar meu ponto. A primeira delas, ouvi pessoalmente.

Certo dia em meu escritório, ouvi um marido desgastado fazer esta trágica confissão:

—Para mim chega. É algo terrível de se admitir, mas preciso falar: Ela é ótima quando fica no seu lugar, mas esse lugar ainda não foi cavado! Estou tão desesperado que estou até mesmo disposto a abrir mão das crianças para me livrar das reclamações dela.

A segunda vem de minha leitura. Relata-se que Heine, o poeta alemão, disse que caso ele morresse antes de sua esposa, certamente esperava que ela se casasse novamente para que pelo menos, uma pessoa no mundo pudesse lamentar a sua morte.

Leia a primeira citação novamente e chore! Leia a segunda mais uma vez e sorria! Mas nunca, nunca se permita empregar aquele sorriso sinistro que algumas mulheres usam para criticar severamente o sustento de seus maridos.

Se vocês precisarem fazer algumas mudanças, façam-nas de modo inteligente, conversando com sinceridade e amor. Mescle suas frases com elogios pelos melhores esforços dele e deixe claro que todas as suas palavras têm o objetivo de encorajá-lo e não de o desanimar.

O agradecimento e o reconhecimento são totalmente indispensáveis por outra razão que você pode não ter considerado. De vez em quando, um pensamento terrível desliza em praticamente todas as mentes masculinas: se o homem é casado e trabalha, *ele pode se sentir preso* quando não estiver atingindo seu melhor. Antes, ele era livre, mas agora precisa trabalhar por sua esposa, seus filhos e pela miríade de exigências que sugam seu dinheiro tão arduamente adquirido. No auge disso, ele pode até ver sua mulher como um tipo específico de parasita. Ali está ela sentada lendo um livro interessante, assistindo a uma novela, tomando café com as amigas, enquanto ele se escraviza em minas de sal para que tudo isso seja possível.

Felizmente, isso apenas passa pela cabeça do marido, sem necessariamente ser pessoal. Assim que ele volta a centrar-se, provavelmente nem consideraria trocar o casamento com você por uma vida leve e solta novamente.

Nós falamos sobre palavras, atitudes e um corpo calorosos como sendo antídotos para tudo isto. Há ainda outro atenuante que você deve ter em mente: *deixe-o tomar uma quantidade saudável de decisão em relação a como o dinheiro deve ser gasto!*

Pode haver alguns cheques que ele queira preencher, ou talvez ele deseje cuidar de todos. A menos que ele seja um mau administrador das finanças (alguns homens o são), ele pode preferir gerenciar essa parte enquanto você o observa. Especialmente durante os primeiros anos de casados, este papel de "chanceler do tesouro público" pode ser o que o ego dele precisa. Se você o elogiar e reforçar, na medida certa, a opinião que ele tem sobre si mesmo, pode chegar o dia em que ele, como seu pai o fez, dirá:

—Querida, você pode assumir o trabalho com o orçamento? Eu tenho muitas coisas importantes para fazer!

2. Ambicione os seus próprios desejos!

Algum mágico da matemática descobriu que a família moderna comum é exposta a propostas de venda 1.158 vezes diariamente. Não sei onde ou como ele chegou a estes números, mas você sabe que se parar e considerar, todos os adjetivos de nossa língua são articulados para puxar a carruagem do comércio e do mercado.

Ligue o rádio, leia o jornal, ligue a televisão, leia uma revista. Em todos os lugares o sábio clama: "Vejam aqui! Vejam ali! [...] Compre isto! Compre-os! Apressem-se agora, não percam as ofertas [...] seja o primeiro em seu grupo a ter um deste! Todos que têm destaque usam nossa marca. [...] Você quer crescer? Então fume nossos cigarros. [...] Mãe, pai, irmã, irmão, o nosso desodorante é bom para toda a família! [...] Compareçam neste minuto à loja de preços baixos! Paguem por uma garrafa disto! [...] É exatamente o que você precisava para resolver o que está lhe incomodando!" e se nada estiver incomodando, serve também!

Os mais espertos a pegarão se você não ficar alerta! Eles têm um modo de roubar a alegria bem na sua frente. O que eles oferecem é viciante. É fácil começar, mas difícil parar. Tentarão lhe convencer de que aquilo que você mesma faz não pode, de modo algum, ser tão bom quanto o que eles fizeram para você. Com todo a animação do evangelista de antigamente, eles a conclamam para fixar os olhos nas novas cortinas, no carro novo, no tapete novo ou algum outro item novo com forte apelo.

Até mesmo lhe emprestarão o dinheiro para comprá-lo e o fazem parecer tão simples! "Consiga seu empréstimo pelos correios!" E se você *caiu* nas armadilhas do vendedor, há outros urubus dos quais se defender: "O senhor não gostaria de reunir suas dívidas?".

Quando sua mãe e eu estávamos na faculdade, fizemos um empréstimo de uma destas empresas que "pagam tudo para você e você para elas"! Imagino que não era bem assim, mas parecia que todos os meses quando pagávamos as parcelas, acabávamos devendo um pouco mais do que no mês anterior!

Tenha receio de qualquer tipo de empréstimo, mas se vocês precisarem, façam onde as pessoas têm boa índole. Se vocês não forem cuidadosos com isto, poderão, na ingenuidade, trocar alguns poucos erros por um monte deles. Um poeta anônimo coloca de uma forma melhor do que eu poderia, quando diz:

"Se o banco não fizer o empréstimo
Fique sem, até que o faça.
Se para o banco não é bom,
Para você será uma desgraça!"

Eu os vejo frequentemente, estes tolos que clamaram tão gananciosamente por "coisas" que extrapolam em sua histeria. E, em seu pânico, eles vislumbram mais e agarram-se tão firmemente a "coisas" de modo que os verdadeiros valores da vida escapam entre seus dedos.

Então, seja você a decidir o que deseja! Não deixe que os rapazes do "compre, compre, compre" roubem o prazer de seus deleites presentes! Valorize bastante aquilo que você tem e não dê valor ao que ainda não pode ter!

Sim, sim e não, não!
Papai.

Feliz serviço doméstico

Minha querida Karen,

Um antigo provérbio inglês afirma o seguinte: *Apenas uma hora do dia separa uma boa dona de casa de uma ruim!*

Considerando que o trabalho de minha vida nunca foi cuidar da casa, não poderia de modo algum ter muito a dizer que fosse significativo aqui.

Entretanto, tenho acesso a muitas casas e observei coisas que ofereço humildemente, reconhecendo que estou indo além de minha capacidade neste campo.

1. As boas donas de casa que vejo parecem ser organizadas.
Nós ensinamos os zeladores na igreja que devem limpar certos cômodos na segunda, aquela seção na terça e especialmente garantir que o santuário esteja arrumado no sábado para o culto

de domingo. Talvez este provérbio inglês transmita seu ponto de vista pelo fato de falar diretamente sobre ter uma sistematização.

2. As boas donas de casa que vejo têm orgulho de suas casas.
Há dois extremos aqui e o "certo" deve estar em algum ponto de equilíbrio. Algumas mulheres se autodestroem para manter um apartamento de três quartos. Não é verdade que todas as úlceras das mulheres vêm de casas grandes. Como dissemos antes, muitos homens se cansam de mulheres que perdem o controle por detalhes. Já vi casamentos relativamente bons serem destruídos por esposas perfeccionistas.

Entretanto, o oposto a esta atitude de "há um lugar para tudo e tudo deve estar em seu lugar" também não é melhor. Outro dia eu estava em uma casa onde precisávamos mover grandes pilhas de roupas que não foram passadas, revistas, luvas de beisebol, skates e até mesmo uma gaiola com um papagaio, de cima das cadeiras e poltronas antes que algum de nós pudesse se sentar. Sendo um menino da fazenda, também observei algo que me fez achar que eles haviam plantado milho nos cantos da casa por conta da espessa camada de poeira.

Para algumas coisas, harmonizar é essencial e acredito que o serviço doméstico é uma destas coisas. Uma sensação de orgulho — mas não em excesso! Uma vida casual — mas não casual demais!

3. As boas donas de casa que vejo aprenderam de alguma forma a divertir-se com seus afazeres.
Talvez *prazer* seja uma palavra melhor do que *diversão*. A maioria dos homens não tem ideia de tudo o que envolve o serviço doméstico. Eles descobrem, é claro, por certo tempo, quando algo acontece à mamãe. Jamais passa por nossas cabeças que é preciso: limpar o chão, lavar panelas, trocar lençóis, tirar pó

dos móveis, lavar fraldas, passar roupas, dobrar toalhas e assim por diante "*seriatim* [N.E.: Do latim várias questões em série/ordem.] e em extenso".

Eu, por exemplo, fico simplesmente repleto de alegria por Deus ter me feito homem. Mas algumas mulheres parecem amar, sentem prazer, divertem-se em serem mulheres.

Eu dizia a você que este não é meu campo de atuação e é melhor que eu me retire neste minuto. Mas antes, aqui está outro provérbio favorito que guardo sob o vidro de minha mesa:

A maioria das pegadas nas areias do tempo foram feitas com calçados de trabalho!

Feliz serviço doméstico,
Papai.

Aroma apetitoso vindo da cozinha

Minha querida Karen,

Meu comentário sobre cozinhar precisa de ajuda de algum lugar. Você sabe que falo a verdade. Na área do fogão e em seus domínios, minha postura de amador jamais foi questionada.

Das vezes em que sua mãe foi para o hospital, grávida dos últimos membros da prole de nossa família, eu dei o meu melhor. Mas o meu melhor infelizmente não era suficiente e eu ainda ouço o uníssono coro:

—Papai, por favor, a gente não pode sair para comer hambúrguer hoje? *Por favor!*

Então, já que sob o nosso teto vivem quem "não sabe nada de nada" (citando seu irmão mais velho) e a verdadeira rainha das artes culinárias, pedi a ela que nos auxiliasse.

Certo dia, ela me apresentou o que achei ser algo muito bom. Aqui está o alfabeto de sua mãe para aromas saborosos e as melhores refeições. Em alguns pontos eu acrescentei um parêntese.

"A" de atrair com o modo de servir! Fique alerta para as belas cores nos alimentos. Amarelos, verdes, vermelhos e marrons colocados juntos cuidadosamente podem transformar cada refeição em algo belo.

"B" de bênção durante a refeição! Observe que eu disse *durante* a refeição! Quando seu pai era menino ninguém ousava dar uma garfada até que todos tivessem "dado graças" juntos. Você sabe que alguns pratos extremamente quentes podem ficar ruins caso sigamos esta rígida regra. Então nós sempre agradecemos a Deus durante nossas refeições ou depois delas. Gostamos deste jeito e tenho um sentimento de que o Senhor também deve gostar disto em nossa casa!

"C" de cozinhar segundo seu orçamento! Nós aprendemos em nossos dias de casados durante a faculdade, que há inúmeras formas de preparar um macarrão. Comprar enlatados pode ser um jogo agradável se você analisar os anúncios, procurar as liquidações e buscar descontos. Você pode fazer tudo isto e ainda encontrar alimentos de qualidade.

"D" para deixe-o estar e prepare o café da manhã para ele! Especialmente para novas esposas e mães com filhos, a chamada é "levantar cedo" para manter seu marido com um humor suave.

"E" de esquecer as luzes e acender as velas de vez em quando durante as refeições! Você sabe como os Brocks são felizes. Eles nos dizem que fazem disto um evento frequente. Jim coloca seu terno e gravata, Joan coloca um belo vestido e eles se sentam ao lado da lareira ao som de uma música suave, com velas e as crianças desaparecem. Eles dizem ser um dos pontos altos em sua casa.

"F" de festividades! Nós escolhemos o dia 29, todos os meses, como o nosso dia "especial", visto que nos casamos nesse dia em maio. Sei que você se lembrará de nossos jantares de gala nos feriados. Mal posso esperar pelo próximo!

"G" de galanteios e passeio juntos de vez em quando! Você pode pensar que no futuro haverá tempo suficiente para viver tranquilamente. Isto é uma ilusão. Amanhã vocês estarão ocupados também. Então, guarde um pouco de seu dinheiro para bons momentos apenas entre vocês dois.

"H" de horário certo para refeições! Parar a fim de fazer várias coisas faz parte da diversão de ser mulher. Mas nunca, nunca pare para fazer nada quando deveria estar sentada fazendo sua refeição.

"I" de imaginação, um dom do Senhor! Isto é particularmente bom para o que um famoso pregador oriental se refere em seu sermão "Tornar as sobras sedutoras".

"J" é para júbilo nos pensamentos! Em meu curso de economia doméstica, aprendemos que digestão e atitudes são intimamente relacionadas. Um de nossos amigos psiquiatras destaca expressões como: "Estou farto!", "Você pensa que comerei isto?" e "Ele me dá náusea!" para provar sua afirmação de que úlceras podem ter origem mais em humores do que em sabores.

"K" de kit de beijos, carinhos e cuidado antes da refeição! Você conhece um homem que faz isto até em público. Se há um momento em que me sinto como uma rainha sendo assistida por toda a corte, é neste momento. E também me dá um friozinho na barriga muito especial quando estamos em casa.

"L" de longo tempo à mesa após o fim da refeição! Certa vez, quando seu pai a levou em uma viagem de uma noite para alguma palestra, ele voltou com uma lição da qual jamais se esqueceu. Acho que você tinha 10 ou 11 anos e foi isto que ele disse:

—Durante vários e vários quilômetros nós vimos placas sobre "O Poço mais Fundo do Mundo" em uma pequena cidade do Kansas. Porém, quando chegamos até o local simplesmente não pudemos parar, ou eu não chegaria a tempo no evento. Karen, você ficou quieta durante certo tempo e então disse:

—Papai eu fico com pena de você! Você corre tanto que perde as coisas divertidas! Bem naquele momento, ele tomou a decisão de desacelerar e você fez a todos nós um grande favor.

"M" *de modos!* "Obrigado" e "não, muito obrigado", "por favor" e "com licença" deixam a refeição agradável para todos. Isto você domina e creio que toda família sabe que nossa casa não é nenhuma lanchonete de rua!

"N" *para nutrição adequada dos alimentos!* Faça refeições bem equilibradas pelo bem de sua saúde!

"O" *de opte por preparar com frequência os pratos favoritos dele!* Descubra como ele gosta que sejam feitos e faça em quantidade adequada.

"P" *de planeje com antecedência!* Isso poupa tempo, energia, incômodos, inquietação, dores de cabeça e dinheiro!

"Q" *de querer se familiarizar com livros de culinária!* Aprenda a agradecer a Deus por existirem pessoas que sabem mais do que você nesse quesito.

"R" *de recordar-se dos detalhes!* Guardanapos e todos os utensílios, sal e pimenta em ambos os lados da mesa, temperos e flores em um belo vaso são ótimos para algumas situações (nunca para nós, pois sempre derrubamos os vasos!).

"S" *de saber compartilhar com os outros!* Deixe-o levar amigos para passar tempo em casa. As crianças também amarão se puderem convidar seus amigos. É claro, você deve ensiná-los a telefonar quando forem demorar a chegar e lhe avisar com antecedência. Uma de minhas amigas achou que "curaria" seu marido relapso para sempre quando ouviu um boato de que o chefe de seu marido estava na cidade. Ela sabia que esta seria a noite em que isto aconteceria. Então ela preparou o pão e o salame, cortou frios e alface, acrescentou tomates, mostarda e picles. Adivinhe o que aconteceu? O "bombeiro visitante" disse que foi a melhor refeição que ele tinha comido naquela semana!

"T" *de televisão — desligue-a!* Isto vale para o rádio e para noticiários. (Você sabe que é necessário voto unânime de nossa família para assistirmos televisão enquanto comemos. Houve apenas um dia terrível que Peter e eu nunca esqueceremos. Os *Lions* e os *Bears* estavam jogando a final do campeonato. Alguém votou "não!". Não me lembro de quem foi esse "criminoso". Esta é outra gentileza que o Senhor faz a Seus filhos. Conforme o tempo passa, Ele obscurece nossa memória de modo que não nos lembramos de quem fez o que a quem.)

"U" *para ufanias geradas por surpresas inesperadas!* Alguém descreve um dos santos do passado com esta charmosa sentença: "Ela sempre mantinha aberta para todos a janela do horizonte da alma, a de surpresa divina". Um cardápio extraespecial que fará cócegas nas papilas gustativas dele, uma sobremesa mais elegante ou a empolgante receita nova de uma de nossas amigas pode fazer maravilhas.

"V" *de variedade!* Nós dissemos isto várias vezes, mas é fácil cair na rotina. O experimento é divertido, então diversifique para o bem de todos.

"W" *de welcome* [N.T.: Bem-vindo]! *Recepcione-o calorosamente!* Isto vale para quando ele chegar a casa, chegar à mesa, quando vier com um problema, quando procurar amor.

"X" *de porção eXtra!* Alguns precisam disto. Alguns não. Porém, ninguém aprecia mesquinharia. (Um gracioso poema vem-me à mente. Trata-se mais de quilos extra do que de porção extra, mas acho que você vai gostar):

Minha namorada usa 52.
Ela come com pressa.
Veja que verdade é pois...
Comer com pressa, no final pesa!
"Y" *para 'your own appearance!'* [N.T.: Sua aparência!]. Cuidar-se, higienizar-se e cuidar de seu belo rosto são coisas dignas de sua atenção.

"Z" *de zelar entusiasticamente!* Uma de minhas grandes amigas gosta de dizer: "Uma refeição quente pode ser arruinada por uma cozinheira insensível!". Aprenda a desfrutar de sua cozinha e a encha de amor advindo da sua alma!

Então, ame esse homem e ame-o bem quando estiver em frente ao fogão. Em uma viagem recente pelo Sul, paramos em um pequeno café no Kentucky. Acima da porta havia uma placa que dizia: "Algo superior para o seu interior!". Esse é um ótimo objetivo para uma dona de casa também, não é?

Com os melhores desejos de um casamento saboroso,
Papai.

Se a adversidade chegar

Minha querida Karen,

Outro dia eu estava em uma casa onde algum benfeitor criara uma peça de bordado muito cativante. Estava pendurada envolta por uma antiga moldura e as palavras do lema tecido eram: "Que haja nuvens o suficiente em teu céu para criarem um belo pôr do sol!".

Um pensamento bastante agradável, não? Mas a razão pela qual fui a esta específica casa era que as nuvens estavam agora desaparecendo. O belo pôr do sol havia se dissipado, a destruição era ameaçadora e o céu escurecia cada vez mais. Havia amargura e ira, e a vida estava muito difícil, até demais!

Os fatos mais complicados se destacavam mais do que os amáveis pensamentos no bordado. Ao olhar para a peça mais uma vez, senti que deveria atravessar a sala e virar o lema bordado para a parede. Mas fiquei onde estava. Esperávamos que o sol retornasse. Então, aquelas palavras teriam novamente significado e o sentimento amável retornaria. Entretanto, no momento estes corações estavam tristes e a alma deles estava aflita.

Você sabe que, como a maioria dos pais, nós desejamos para você e Vincent uma vida agradável e pacífica. Parafraseando o escritor de Cânticos dos cânticos em 2:12 — "Que a canção da pomba seja ouvida em seu amor e as pequenas aves deem a melodia".

No entanto, a vida nem sempre é como gostaríamos. A aflição em alguma forma é uma parte da vida para a maioria das pessoas. Há alguns poucos que parecem ter um acordo com os "deuses do destino". Mas para cidadãos comuns, haverá problemas e doenças, perdas e lamentos, morte e dilema.

Então o que você pode fazer se a vida ficar difícil? Há algumas coisas dignas de serem lembradas. Vamos chamá-las de "O Alfabeto da Adversidade"!

A. Uma resposta a estes tempos é enfrentar calmamente o fato de que vocês não estarão isentos de dificuldades e controvérsias.

Eu não gostaria de assustá-la de propósito, mas você deveria saber disto: vejo muitos casais tolos que caminham cegamente sob a falsa premissa de que um amor como o que têm estará isento do infortúnio e do clima tempestuoso. Pensam erroneamente que sua certidão de casamento inclui algumas garantias para uma vida sossegada.

Vocês terão tomado uma atitude madura com relação a tudo isto quando disserem em uníssono: "Buscamos um casamento feliz com plenitude de coração, mas não esperamos alcançar a terra prometida sem passar por algum deserto juntos".

B. Um segundo auxílio para os tempos difíceis é este acompanhamento natural ao número um. Deus não promete a Seus seguidores imunidade às dificuldades.
Ele apenas promete que estará conosco quando o trovão ressoar e os relâmpagos reluzirem. Fico feliz por você ter aprendido o valor essencial da fé cristã.

Falaremos muito sobre isto antes de terminarmos, mas muitas pessoas não precisam de mais nada além de uma nova compreensão do viver contínuo com o Senhor, independentemente do que surgir. Sua ideia de "ser religioso" é frequentar a igreja aos domingos. Quando saem de seus lugares de adoração, é como acenar para Deus e dizer: "Vejo o Senhor na semana que vem! Mesma hora, mesmo lugar!".

Um de meus amigos psiquiatras recentemente enviou um homem com problemas para me ver. Quando ele ligou para marcar o encontro para seu paciente, fez esta interessante afirmação:

—Penso que resolvemos a maioria de seus problemas mentais. Ele é um frequentador da igreja e acho que você pode ajudá-lo. O que ele precisa agora é alguém que o auxilie a encontrar sua resposta no mais profundo de seu ser. Ele a tem em sua cabeça, agora precisa encontrá-la em seu coração.

Louvado seja Deus, este não é o seu problema. O pavio de sua lamparina queima encharcado com o óleo do Eterno. Você é amiga do Senhor há muito tempo e sabe como orar. Aprendeu que a angústia não significa que Deus se afastou e abandonou você, mas quer dizer que Ele pode usar isto para levá-la a um solo mais alto se você permitir que Ele o faça.

C. Um terceiro fator fortalecedor agiganta-se conforme olho para as histórias de casamentos que acompanhei do lado de dentro. O fator é: Vocês fazem algo muito relevante quando determinam juntos que as coisas difíceis serão utilizadas como selos e não como divisores de sua união.

Talvez possamos ilustrar isto com o divertido conto de um rústico pastor de ovelhas, amigo nosso dos tempos do Colorado. Ele disse que quando uma matilha de cães ferozes ou os coiotes aparecem, há uma diferença importantíssima entre cavalos selvagens e burros selvagens. Segundo o seu relato, quando estes inimigos mortais atacam, os cavalos selvagens unem suas cabeças no centro, os rabos voltados para o lado oposto deste centro e *coiceiam seus inimigos até que eles desistam*. Mas, se pudermos acreditar no relato dele, quando os burros selvagens são pressionados, eles posicionam suas cabeças em direção ao inimigo e suas caudas em direção ao interior do círculo e *coiceiam-se uns aos outros até que o inimigo desista*.

Não sei se ele estava zombando de mim, como amava fazer. Mas sua história causa uma forte impressão, não é mesmo?

Particularmente, penso que é uma mensagem para os casados. Sinto muito relatar que a maioria dos casais que vêm ao meu gabinete me lembra dos burros selvagens. Eles vêm chutando um ao outro, a si mesmos ou a seu casamento.

Isto é uma lástima. Estes maridos e esposas não aprenderam o "Alfabeto da Adversidade".

Então, este é um bom credo para uma união vitoriosa: "Por que a vida é assim, não sabemos! Mas sabemos o seguinte: O que acontece não é tão importante quanto o que faremos com o que acontece. Um dia o sol retornará e seremos pessoas melhores, mais dóceis. Deus nunca está distante! Nada nos separará de nossa união um com o outro e com Ele".

Tenha coragem,
Papai.

Algumas vezes, olhe para fora

Minha querida Karen,

O verdadeiro amor do tipo mais elevado não é para sempre fitar, deslumbradamente, um nos olhos do outro. Em nossa última carta falamos sobre olhar-se intimamente no momento certo e da forma certa. Mas olhar carinhosamente um para o outro não é o único propósito do casamento.

Então falemos sobre manter as janelas de sua casa limpas para um olhar exterior. Ouvi recentemente um psiquiatra, amigo meu, apresentar um trabalho interessante sobre saúde mental. Ele disse uma coisa que vale ser repetida. Ele nos falou que aconselhou um de seus pacientes da seguinte forma:

—Você deveria fechar algumas janelas de seu egoísmo. Precisa fazer isto não apenas para deixar um pouco do Sol entrar, mas para permitir que seus olhos olhem para fora. Veja as crianças brincando, observe o vizinho cuidando do jardim, assista às pessoas passando pela rua, conte os carros que passam. Isto será uma excelente terapia. Você esqueceu que há outras pessoas no mundo além de você.

Aqui, este médico da mente aborda um dos maiores problemas do conselheiro. Alguns casais, como dissemos, olham muito pouco para seus parceiros. A maior exigência de outros é um olhar em seu interior. Então, como diz o especialista, há aqueles cuja cura depende de olhar juntos para fora.

Aqui estão alguns lugares em que isto se aplica.

Comecemos com *amigos*.

É bom que você e Vincent sejam "melhores amigos". Porém, observei algumas amizades conjugais do tipo "eu e tu" que começaram como uma pequena e aconchegante exclusividade e nunca foram além disso. Espero que vocês aprendam a aninhar-se em seu ambiente. Mas não deixem que seu ambiente os trague a ponto de jamais compartilharem o aconchego com amigos.

Algumas destas casas egoístas com a porta trancada, eventualmente se tornam um pouco mais do que asilos para um narcisismo mútuo.

Então façam amigos e compartilhem o seu amor, pois esta é uma das grandes razões pela qual esse amor foi dado a vocês. O egoísmo em qualquer forma é pecado e, a menos que trabalhem o amor que Deus trabalhou em suas vidas, vocês serão uma parte da maldade do mundo em vez de serem bênção para ele.

Que vocês escolherão bem os seus amigos nós já sabemos por sua história. No casamento, certas amizades ampliam percepções; outras são para risadas e então há aquelas cujo companheirismo é como uma árvore onde você encontra sombra.

Há também amizades perigosas que gradualmente drenarão seu entendimento de santidade a menos que vocês estejam alertas de sua influência enfraquecedora. Elas estão frequentemente na multidão do "todo mundo faz isso". São as pessoas do "grupo pensante" que poderão arrastar vocês para o abismo moral dos tempos, se vocês o permitirem. Com a gangue em que "tudo vai", tudo pode ir, definitivamente, antes que alguém tenha coragem de se posicionar e ser diferente.

Você nunca foi pedante e tenho certeza de que ambos não serão dois pedantes pavoneando sua piedade juntos. Mas há uma vasta diferença entre ser pudico e a verdadeira bondade nascida da convicção interior. Algumas vezes, a coragem de um casal pode ser uma bênção para outros, que precisavam somente de um líder. Para algumas situações, a única solução é um "adeus" explícito! Não é importante se estão posicionados sozinhos ou com companheiros que surgem depois de esperar por alguém que tome a iniciativa. O que importa, de fato, é que se lembrem, constantemente, de que *estão aqui para transformar o mundo e não para deixar o mundo transformá-los.*

Outro movimento exterior que precisa de consideração é o virar-se a *parentes e sogros.*

Que o seu relacionamento com "os associados" seja crescentemente agradável conforme os anos passam. Mas alguns vão à direção oposta. Muitas pessoas batem à porta da sala de aconselhamento pedindo ajuda para isto.

Alguns destes se originam quando o marido ou a esposa insiste em estender o tapete vermelho para a "velha e querida mamãe" ou "velho e querido papai". Outros nutrem amargos ódios que podem ser facilmente compreendidos considerando o tratamento que receberam.

Desejaria que o destino a excluísse deste problema. Mas se não o fizer, há algo certo para se lembrar: Sempre que você for tentada a colocar seus parentes ou os de seu marido em seu devido lugar, lembre-se mais uma vez — com algumas pessoas o que conta é o que você não diz!

Qualquer que seja o sentimento, é bom voltar-se de vez em quando para os lares de onde vocês vieram. Se estes relacionamentos forem tensos, geralmente ficam mais distendidos com a distância. Lembre-se da canção que fala sobre caminhar pela floresta em direção à casa da vovó e faça dela uma relíquia sentimental do passado. É melhor que acredite nisto: Você nunca terá paz no centro de sua alma até que tenha conseguido certa paz com cunhados, cunhadas, sogros, tias, tios, sobrinhos, sobrinhas e toda a tribo. Isto *pode* ser feito, mesmo que a única paz neste relacionamento seja em sua própria alma.

Outro importante movimento exterior de suas portas tem o rótulo de *ação social*.

Não há comunidade para a qual vocês pudessem se mudar, nenhum país aberto onde pudessem construir sua casa, a não ser aqueles em que vocês foram até os territórios dos desventurados.

Alguns casais aceitam os rostos esqueléticos dos famintos e abandonados como parte do cenário. Outros ficam perplexos e sentem-se mal e então vão embora para se contentar com o sentir-se bem porque se sentiram mal.

Certos "patriotas expressivos" se tornam críticos de carteirinha. Seus principais alvos são geralmente "o governo" ou "aquelas pessoas" que estão pelo menos tentando. Este tipo propagará sua "sabedoria" enquanto vocês ouvirem. Contudo, suas palavras são geralmente apenas um substituto para a ação.

Há até mesmo santos equivocados que vão a seus cômodos de oração para interceder em favor da vida acometida pela doença. Isto é bom, a menos que você faça desta a sua única contribuição. Deus jamais nos aceita de joelhos quando deveríamos estar de pé opondo-nos a algum mal ou saindo de nossas portas para desbravar estradas, cortar canais, abrir caminhos e fazer o que podemos para estender o braço de misericórdia onde precisa ser estendido.

Se vocês adotarem algum projeto valoroso como seu desafio, estão fadados ao desencorajamento. Frequentemente terão vontade de bradar: "O que é o *nosso* pequeno esforço contra tais probabilidades?". Mas se vocês tentarem e fizerem um esforço, descobrirão outra nascente de satisfação. Esta é a satisfação que vem somente àqueles que estão insatisfeitos o suficiente, para assumir um posto em algum lugar na guerra contra a pobreza, doença e desolação.

William Allen White supostamente disse: "Meu conselho às hortas comunitárias é que plantem mais confusões e menos dálias". Certa parte da guarda avançada da raça humana foi "criadora de confusões" em "favor do Céu".

Talvez vocês sejam movidos a fazer parte de uma "causa comunitária". Ou possam sentir uma compulsão de declararem-se contra alguma injustiça escancarada que vejam claramente como um insulto à sociedade. Agora a prioridade de seu conforto e segurança em primeiro lugar deve abrir caminho para a denúncia, mesmo que sejam mal compreendidos. Grandes coisas foram iniciadas por vozes solitárias quando não havia nenhuma outra que se juntasse a elas.

É importante que vocês verifiquem de vez em quando para garantir que não estão tomados por "boas causas" e negligenciando algumas obrigações básicas com uma reivindicação prioritária. Você gostará dessa história sobre o marido cansado que trouxe sua esposa de volta à realidade com um baque. Ela chegou a casa tarde de seu comício político, jogou-se em sua grande poltrona, arrancou os sapatos e anunciou:

—Foi excelente, Henry! Nós vamos varrer o estado!

Pobre Henry, que havia lavado a louça, colocado as crianças para dormir e lutou com o aspirador de pó, ouviu-a falar. Ele então veio com este ácido comentário:

—Parece ótimo! Por que você não começa varrendo a sala de estar?

A parte complicada de fazer o certo pelas razões erradas também exige que haja uma checagem de vez em quando. Alguns reformadores estão simplesmente espalhando uma fumaceira neurótica que sai da brecha aberta em sua estrutura emocional. Isto não é bom. O mundo precisa somente de trombetas mais nítidas em prol da justiça social. Os praticantes do bem que estão "levemente doentes" podem realizar algumas coisas válidas, mas podem também enfraquecer o que os saudáveis estão construindo.

Algumas vezes na igreja vemos estes "irmãos e irmãs das boas causas" correndo pelos cantos, com as sobrancelhas franzidas, convencidos de que o destino os designou para, sozinhos, zelarem pela salvação de todos. Uma marca do bem-estar mental no serviço social é lembrar-se de que não é esperado que você faça a limpeza de toda a Terra.

Você entendeu o recado. Há duas doenças comuns aqui: uma é a doença de aventurar-se em lugares separados para outros reformadores; a outra é fechar nossas portas para os sons de trombeta designados aos nossos ouvidos.

A crescente filosofia do "não nos envolvamos" não é para pessoas com as suas habilidades. "Sob a crescente apatia", seria mais do que um título inteligente para um livro. É uma verdadeira ameaça para a nação. Quando muitas pessoas boas se tornam indiferentes, o passo seguinte provavelmente será a indiferença à indiferença e isto pode ser um sinal de que o fim se aproxima. Uma marca sempre indicadora da decadência é a pressuposição de que somos bons meramente porque nos abstivemos de praticar o mau.

Então, se o seu casamento for saudável, vocês olharão para fora, se moverão para fora, levantando suas vozes algumas vezes. Mas, por favor, chequem constantemente suas motivações.

A motivação principal, é claro, deve ser rastreada até chegar a sua razão de viver. Em outra carta, faremos mais considerações sobre o fato de que vocês não foram colocados aqui na Terra, nem um nos braços do outro, para servirem apenas a si mesmos.

É uma constatação chocante quando qualquer casal enfrenta esta verdade: *Há algo mais importante no mundo do que nossa própria felicidade!*

Espero que vocês conheçam o entusiasmo que vem àqueles que deixam o lugar melhor do que encontraram.

Pense alto,
Papai.

Quando nada funciona

Minha querida Karen,

Nem mesmo por um momento, eu tentaria convencê-la de que todas as boas esposas têm bons maridos. Simplesmente não é assim.

Em geral, é verdade que você recebe aquilo que comprou. Mas algumas almas pagam o valor integral e não recebem recompensa alguma. Há homens que acabam sendo más combinações até mesmo para as mulheres mais nobres. Ela pode dar a ele tudo o que tem; ele toma tudo e não lhe retribui.

Não há cenário mais desolador do que uma mulher ferida por ter entregado toda a sua alma em seu casamento e recebido em retorno apenas um coração repleto de sonhos partidos.

Dizem que a vida é 10% do que você faz e 90% de como você reage. Essa é uma afirmação muito perspicaz, mas, como muitas, não abrange tudo. Conheço algumas moças do Senhor que percorreram 90% do caminho ou até mesmo 99% e sua recompensa foi completamente nula.

É claro que tudo isto não tem relação alguma com você e Vincent. Nós *sabemos* que seu casamento será um sucesso retumbante.

Porém, eu quis de fato escrever esta carta para pedir a você que reserve um carinho muito especial por aqueles que não são tão privilegiados. Eles precisam do toque mais suave que sua mão puder conceder. Precisam de um ouvido pronto e uma amizade sincera com quem compartilhar suas lágrimas. Assim sendo, sempre que isto acontecer nas imediações de seu coração, apresse-se em abrir sua alma com condolência divina. Você também poderá abrir seus lábios em oração por um amanhã melhor, do que foram estes "ontens" despedaçados.

Quanto mais felizes vocês forem, mais devem abrir espaço dentro de si para aqueles que não encontraram uma vida tão boa e bela como a que vocês encontraram.

Nove pequenas letras formam uma grande palavra: *Compaixão!*

Com você na busca por um coração compassivo,
Papai.

Maior do que vocês dois

Minha querida Karen,

"Eu adoro você!" — "Você é um anjo!" — "Nosso amor é divino!". Estes sons são bem-vindos aos ouvidos de corações apaixonados.

Mas tenha certeza de que você os compreende em seu contexto adequado.

Um respeito profundo pode ser bom e duas pessoas que se honram pode ser ainda melhor. Mas isto também pode ser doentio, muito doentio, a menos que esta honra seja parte de uma honra ainda maior.

Você se lembrará de seus cursos de ciências que é o Sol que impede que o sistema solar se dissolva por completo. O mundo e tudo o que faz parte dele, incluindo você e Vincent, seriam destruídos se não fosse a força magnética que mantém tudo unido.

Assim é com o casamento. Dois podem ter nascido em hemisférios opostos, ou podem ter crescido na mesma quadra, mas o que mais importa é isto: *Estes dois são mantidos juntos no centro por um amor santo que é mais forte do que seu próprio amor?*

Esta é a pergunta básica devido a um fato inescapável: Até mesmo a criatura mais "divina" na Terra tem algo em comum com o resto da humanidade — somos todos humanos!

Em nosso estado atual de desenvolvimento, uma parte do mecanismo padrão no *homo sapiens* é a tendência inata ao egoísmo.

Seja a ameba no pântano, ou a primeira criatura sobre patas, ou o macaco balançando na árvore ou algum ancestral de cabelos desgrenhados com um tacape na mão, ou quem quer que seja culpado; a verdade é que a maioria de nós não evoluiu o suficiente para estar livre deste instinto de autopreservação.

"Cuidado com o número um!" — "Eu quero o que quero na hora que quero!" — "Eu primeiro, eu segundo, eu terceiro!" — estes são vilões à espreita nas asas de qualquer casamento quando a canção de amor dos cônjuges morre.

Você pode determinar que *pensará* no outro primeiro. Você *tentará* enxergar a vida a partir da perspectiva dele. *Será* doce, gentil e amável durante todo o dia. Mas, se você for como seu pai, dentro de 30 minutos este nobre voto será mais uma bela teoria assassinada por uma gangue de fatos brutais.

Então para onde vamos a partir deste dilema?

A resposta, como aprendi em nossa casa e observei inúmeras vezes aconselhando outros, é o tema desta carta.

Aqui está *a chave das chaves* para o amor em seu momento mais sublime: *Casais que compreendem que sua união é por Alguém maior do que ambos, terão descoberto o portão secreto para o que há de melhor no casamento.*

Vejamos, agora, em como vocês podem unir suas vidas até alcançarem este estado bendito.

Recentemente, ouvi um ministro com talento brilhante em matemática fazer estas interessantes afirmações no rádio. Ele citou o fato de que um casamento em cada quatro acaba em divórcio; disse que em famílias que frequentam a igreja regularmente a taxa de lares desfeitos é um em 54. Afirmou, em seguida, que em famílias que oram juntas, a taxa é de uma em 500.

Ele não disse onde obteve estes números, mas após ouvir seu testemunho fiz uma análise de minha própria experiência.

Meu registro é o seguinte: em 20 anos, estimo que aconselhei mais de 2.000 casais que vieram até mim com seus problemas. Isto inclui maridos, esposas ou ambos. Seus problemas variavam de trivialidades a tumultos.

Agora ouça isto! *Nunca recebi um casal ou um cônjuge que veio até mim com problemas depois de terem orado juntos.* (Houve alguns poucos, talvez uma dúzia que disse: "nós costumávamos orar!".)

Então, este é o meu testemunho. Um dentre tantos é atendido em consultórios. Um dentre vários foi rompido nos tribunais. Mas em minha experiência, um *dentre nenhum* foi destruído a ponto de não haver restauração, se ambos decidiram unir suas mãos à mão de Deus por meio da oração.

Permita-me listar para você os passos de oração que recomendei a 200 casais:

1. Façam um acordo de que vão separar algum tempo, todos os dias, no qual juntos se voltarão para Deus.

2. Selecionem algum guia devocional que seja adequado a vocês. Há vários destes nas livrarias e a maioria das igrejas tem exemplares disponíveis em suas estantes de literatura.

3. Quando a hora que escolheram para o devocional chegar, vocês se sentam juntos silenciosamente enquanto um de vocês lê o texto do dia.

4. Depois, vocês conversam sobre os motivos pelos quais gostariam de orar. Se Vincent estiver preocupado com algo em seu trabalho, ele estimará uma oportunidade de contar isto a você. Talvez você precise confessar que ele a magoou naquela manhã e você não conseguiu lidar com isso até então. Você pode pedir um esclarecimento, se precisar, mas não discutirá. Vocês simplesmente colocarão diante do outro aquilo que está em seus corações.

5. Vocês então dão as mãos, curvam a cabeça e oram silenciosamente a Deus ao compreendê-lo. Provavelmente será melhor se vocês não começarem orando juntos em voz alta. A menos que tenham feito isto com frequência, pode ser tão desconfortável e constrangedor que vocês não manterão a prática após as primeiras tentativas.

6. Quando vocês sentirem que "superaram tudo isto", podem fazer a *Oração do Pai Nosso* juntos.

Conforme desenvolvem esta arte entre vocês, haverá momentos em que sua oração será em grande parte um ouvir silencioso. Gradualmente, sua percepção aumentará até que compreenderão que a oração não é para que recebam o que querem de Deus. É para Ele ter o que Ele quer de vocês.

Vocês também começarão a compreender que a oração não é uma procura, uma mendicância nem um pleito. É, antes, abrir-se para Deus que já está batendo à porta de seu coração. Este abrir de portas — portas conscientes e subconscientes — é a oração genuína. Vocês terão feito uma grande descoberta quando perceberem que o primeiro passo no encontro divino-humano é dado por Deus. Ele busca constantemente vidas em que possa habitar a fim de glorificar a Terra com Seu amor.

Aprender a orar juntos exige tempo, como todas as coisas boas no casamento exigem. Mas faz sentido, não faz? Deus é amor e vocês dois creem que Ele é o autor da sua união. Então quanto mais criarem canais pelos quais Seu amor divino possa fluir para seu amor humano, maior será o amor de vocês.

É importante que aprendam isto e pratiquem juntos. Pode ser perigoso alguém ficar estático enquanto a outra pessoa avança. O matrimônio não é para ampliar a distância entre duas pessoas. É para fechar lacuna em suas diferenças até que estas duas vidas separadas unam-se ao redor de um Centro Santo, que é o propósito da vida como foi planejada.

Mas falo também por experiência pessoal. Sua mãe assumiu uma tarefa enorme quando subiu ao altar para tomar esta mão e ouvir o pregador dizer:

—Queridos irmãos, estamos aqui reunidos para unir este homem e esta mulher em santo matrimônio.

Pouco tempo se passou até que ela descobriu que havia muitos "eus" em guerra e que ela precisava reunir neste menino que ela havia pegado para criar. Seu desafio era atrair um homem bruto, marcado e vago para a uma unidade com a calma interior, a suavidade e a gentil feminilidade que ela tinha.

Você sabe como ela fez isso, não sabe? Eu a vi sentada ali no começo da manhã com sua Bíblia e seus livros. Ela chamava de seu "tempo de quietude" e eu passei e entender que sua serenidade de alma era a resposta à minha confusão.

Um dia, em meu desespero, pedi a ela que me levasse também às "águas tranquilas". Ela me levou à sua escola de oração e é assim que eu sei, em primeira mão, que esta é a chave das chaves.

Hoje, após 26 anos de casamento, sou mais sensível ao entusiasmo de sua presença do que jamais fui. Quando eu a encontro inesperadamente em uma multidão, é como se uma feliz canção surgisse em algum lugar dentro de mim. Quando encontro seus olhos em meio ao público, é como se ela estivesse segurando uma placa com a exata palavra de inspiração de que preciso naquele exato momento. Quando dirijo para casa no fim do dia, preciso conscientemente controlar o pé no acelerador para não pisar fundo quando estou me aproximando de casa onde ela me espera.

Eu ainda considero a maior adrenalina do dia quando ela vem correndo de onde quer que esteja para me cumprimentar com um beijo santo e pressionar seu corpo ao meu com desejo. E quando olho para a estrada adiante, vejo um homem e uma mulher idosos andando até o pôr do sol de mãos dadas. Eu sei em meu coração que o fim será muito melhor do que o começo.

Eu não poderia desejar para Vincent nenhum presente maior do que este: que sua esposa possa guiá-lo, como a mãe dela guiou o pai, à câmara secreta da comunhão divina, onde duas vidas são combinadas formando uma trindade sagrada.

Ouço alguns sociólogos discutirem que uma solução para o colapso conjugal de nossos tempos é tornar o divórcio mais difícil. Isso poderia ajudar em alguns casos, mas a verdadeira resposta não é tornar o divórcio mais difícil e sim fazer o casamento ser o que deveria ser. E o que deveria ser é um relacionamento trino sagrado entre o Senhor, você e o seu marido para sempre e sempre.

Em oração,
Papai.

Ela era pura alegria e só poderia
Criar infelicidade com sua ausência!
(Um tributo anônimo a uma santa do sexo mais gentil.)

QUAL É A SUA MEMÓRIA MAIS FELIZ?

Qual é a memória mais feliz de seu casamento?

Pergunta interessante, dirigida à nossa vizinha de 90 anos, em seu aniversário. Nós a chamávamos de vovó Mac e toda a vizinhança havia se reunido em sua varanda dos fundos.

Item número um para alguns de nós era um majestoso bolo de coco de três andares — a peça central — com nove velas. ("Nove", sussurrou seu autor, "porque eu achei que ela se sairia melhor soprando nove velas e em vez de noventa". Ótimo!).

Mas primeiro houve presentes, risadas e diversão; e conforme vovó Mac abria seus presentes, alguém fez esta pergunta contemplativa: "Você poderia nos dizer qual é a memória mais feliz de seus 90 anos?".

Pareceu uma pergunta natural naquele momento. Então paramos e esperamos.

O que ela diria?

O que você acha que ela disse?

(Você deve saber que ela era viúva há 17 anos. Seu marido fora oficial de carreira no exército, então eles viajaram pelo mundo juntos. "Muitas vezes por todo ele", ela nos dizia com frequência. Ele também fez sábios investimentos e ela vivia com outra bênção: pôde comprar quase tudo o que uma senhorinha poderia querer quando queria. Um pano de fundo de fato idílico para recuperar memórias.)

Mas naquela noite nem houve necessidade de pensar muito. Sem um momento de hesitação ela disse:

—Ah, essa é fácil. São todos os momentos em que Louis e eu nos sentávamos na varanda dos fundos e conversávamos.

É uma pergunta contemplativa, não é? Quais serão nossas memórias mais felizes quando chegarmos aos 90 anos? Uma coisa é certa para quase todos nós: Nossas memórias mais felizes serão focadas em algum tipo de interação humana.

Conversar com aquele amigo especial. Ouvir e ser ouvido. Gargalhar juntos, chorar, pensar juntos e então um pouco mais da velha e boa conversa.

Não importa como as chamaremos. Qualquer que seja o nome, aos 90 anos ou em qualquer época, memórias em seu mais caloroso sentimento resplandecerão com recordações de pessoas positivas.

Sendo isto verdade, somos levados a outra pergunta básica: Quais *são* as palavras mais importantes em qualquer casamento?

Eu amo você?

Você é linda?

Você me perdoa?

Com certeza, três expressões extremamente primordiais. Contudo, nossa preferência pelas três palavras mais importantes em qualquer casamento para sempre será:

FALE, FALE, FALE

E seguindo de perto:
OUÇA, OUÇA, OUÇA

Quando preparávamos a edição do aniversário de 20 anos do livro *Cartas para Karen*, em 1985, nosso editor nos perguntou:

—Que segredos vocês descobriram nos últimos 20 anos? O que vocês sabem agora que não sabiam então?

Ao que respondemos com outras 4 palavras importantes:
Estudo bíblico em dupla[1]

Ouvimos dizer que o quinto ano é o ano ruim em muitos casamentos. Outros apontam para o sétimo ou o décimo primeiro. Para nós, cada um desses anos iniciais teve seus muitos momentos negativos. Algumas vezes eles vieram com gritos, choros e altos estrondos. Algumas vezes chegaram sem aviso, nas pontas dos pés e estes, para nós, foram os piores, porque também se foram nas pontas dos pés. Mas ao irem, pareciam sempre deixar mais feiura — mágoa e uma sensação de rejeição, ira e um lento queimar, sentimentos não expressos. Sem *falar, falar, falar* e sem *ouvir, ouvir, ouvir*, simplesmente não havia cura.

Quando começamos a sentir que nosso amor estava indo em direção a problemas, tomamos uma decisão. Como não estávamos indo bem sozinhos, pedimos ajuda ao Senhor. E em resposta a nossas orações, fomos levados a um programa de estudo bíblico somente para nós dois. Desde então, compartilhamos nosso método com milhares e deste compartilhar temos a seguinte certeza: não há método, técnica ou sistema tão eficaz como aprender a comunicar-se por meio da Palavra de Deus.

Finalizando, queremos deixar claro, que aprender a orar juntos fez poderosa diferença em nosso casamento. Isto é verdade e tem sido verdade durante todos os 47 anos juntos. Conforme

---

1. SHEDD, Charlie and Martha. Bible Study in Duet (Estudo bíblico em dupla). Grand Rapids: Zondervan, 1984.

refinamos nosso estudo bíblico para combiná-lo com orações em dupla, nosso amor atinge alturas que nunca sonhamos serem possíveis para Charlie e Martha.

O que isto nos diz? Por nossa experiência, diz que *autoavaliar-se, autoavaliar-se, autoavaliar-se — falar, falar, falar — ouvir, ouvir, ouvir* são questões sagradas. E para o cristão, isso faz sentido, não faz? Se Deus é amor como Jesus afirmou, então isto também tem que ser verdade:

Quanto mais criamos canais pelos quais Seu amor pode fluir para o nosso amor, maior será o nosso amor.

Não importa como será feito, desejamos:
Que vocês desenvolvam juntos
Seu próprio e único amor
Em seu melhor eterno
Que vocês o encontrem,
Cuidem dele,
Mantenham seu caminho aberto
E nunca o percam.
Então com o passar dos dias, semanas e anos,
Que vocês possam declarar
Com o autor da Santa Escritura:
*"Deus, [...] por causa do grande amor
com que nos amou [...]
nos deu vida juntamente com Cristo [...]
juntamente com ele, nos ressuscitou,
e nos fez assentar nos lugares celestiais em Cristo Jesus."*[2]

Charlie e Martha Shedd
Blue Ridge Summit, Pensilvânia, 1985

---

2. Extraído de Efésios 2:4-6 (ARA).